市民的不服従の
はじまり

イージス・アショア配備反対運動への
アクション・リサーチ

■秋田からの報告

小林 建一
Kenichi Kobayashi

三恵社

はじめに

　秋田で生まれ、育ち、仕事をしてきた筆者であるが、秋田というところは一体どのような「土地」なのであろうか。長く住んでいても、どのように表現するのが適切かはよくわからない。あえて表現するにしても、立ち位置によって大きく異なってくるうえに、表現の仕方もさまざまである。

　秋田は、自然豊かな日本という国のなかでも、自然豊かな土地であることはたしかである。それゆえ、自然の恵みとつながる農業や林業、漁業などの第一次産業にたずさわっている人びとが多く暮らしている地域というのが、「東京目線」であろう。それでもまだ、イメージははっきりしないかもしれない。

　全国でもっとも少子高齢化が進んでいる県というのはマイナスのイメージだが、学力というものの評価の仕方としてこれでよいのかどうかは別としても、全国学力テストの成績がいつもトップクラスの県（これもマスメディアの表現ではあるが）というのがプラスのイメージであろう。しかし、何をあげたら秋田のイメージがはっきりするのかは、迷うばかりである。

　そこで、行政単位で見ていくことにしよう。この土地は、秋田県である。「あきた犬」「なまはげ」などが秋田の文化をあらわしていると、他県の人びとは見な

している。そのように秋田県人は考えている。なるほど、秋田駅の中央改札口付近をよく通る筆者が目にするのは、赤と青の「なまはげ」のお面と、二頭の「あきた犬」のぬいぐるみである。いずれも、実物とはかけ離れた大きな人工物である。秋田県とJR東日本が、観光に焦点をあてて秋田県をPRしようと、ここに置いているものと思われる。

　筆者には、実物とはほど遠く、あまり現実味のないものであるけれども、県外から旅行、商用などで訪れた人たちや外国人客がこれらをバックに写真撮影している光景をよく見かける。

　秋田市の陸上自衛隊新屋演習場への地上配備型ミサイル迎撃システム「イージス・アショア」の配備について、県と市、住民に説明するため来県する防衛省の職員の多くは、自衛隊専用機で秋田空港において乗り降りした幹部職員は除いて、この２種類の人工物の前を通り過ぎたはずだ。筆者自身は、制服を着てキャリーバックを引く彼らの姿に何度かお目にかかったことがある。彼らがどのような感慨をもっていたのかは知るよしもない。おそらく、いまはやりの言葉の「上から目線」で、「田舎者」をねじふせて絶対に計画を実現する決意をもって、秋田駅で秋田新幹線「こまち」を乗り降りしていることは、想像に堅くない。

　シビリアン・コントロールのもとにあるとはいえ、

国内外に対して武力の行使を最終的な手段として留保している国家権力を象徴するような国家機関の官僚であるから、上からの命には忠実に従い任務を果すという使命感をもって来県していると思う。住民説明会での職員の「居眠り」は、報道や世論では「たるんでいる」とか、「緊張感を欠いている」などと非難されたが、そのような国家権力の強大な力に守られているという安心感ゆえの「安眠」であったのだろう。

　この防衛省職員がたびたび訪れるのが、秋田駅のある秋田県の県庁所在都市、秋田市である。秋田市で人通りが多くて比較的にぎやかなところは、この秋田駅の自由通路「ぽぽろーど」と郊外の大型ショッピング・センターくらいで、自己否定的ではあるが、さびれた県庁所在市である。東北では仙台、甲信越では新潟などが代表的な都市であるが、それらにははるか及ばない都市規模である。

　このような都市ではあるが、県庁や市役所、秋田駅などのある都心部に近く、しかも住宅地のすぐ目の前に「巨大な」ミサイル基地がつくられようとしている。秋田の政治・行政の中枢と日常生活圏が、軍事的な脅威にさらされることになる。これでは、世界一危険と言われる沖縄の米軍普天間基地とたいして変わらないものだと思う。

　「巨大な」というのは、配備される装置の規模の大

きさを意味しているのではない。防衛省の説明に従えば、たかだか1平方kmの範囲におさまる「防衛装備品」である。このような用語は、すべてを一瞬のうちに破壊してしまう軍事兵器の恐ろしさのイメージをひどく和らげてしまうが、これも防衛当局は意図的に使っている用語である。

　だから、巨大なというのは、その図体の大きさではなく、影響力の大きさに注目して言っている。迎撃ミサイルは、弾道ミサイルの弾頭を広大な宇宙空間において打ち落とすのだから、破壊力そのものを巨大と表現するのは適切ではない。しかし、北朝鮮はおろか、中国、ロシアからのミサイルに対応し、また迎撃装置とは言いながら攻撃装置に転用が容易であるために、防衛省の常用句「365日24時間切れ目なく守る」を逆用するならば、これらの国ぐにを「365日24時間切れ目なく攻める」兵器となるだけでなく、飛んでくるのが核弾頭であれば、その迎撃に失敗すると、甚大な被害をこうむるという意味で巨大なのである。

　巨大なという意味は、このほかにもある。それは、1,000kmも2,000kmも先の弾頭を探索するレーダーの電磁波である。また、ロシアや中国の国内の一部の軍事基地にも届くような強力な電磁波である。それをあびることによる健康被害に対する不安は、この分野の研究が未発達であるがゆえに、尽きることがない。

実生活において、365日24時間切れ目なく恐怖にさらされるというわけである。それも半永久的に。ほかにもたくさんあるので、本文のなかで述べていく。

このような問題の多いミサイル基地の建設に反対する運動が起きるのは、民主主義国家では当然のことである。秋田と山口につくるらしいという情報が入ってから早いもので、2年余りになる。両県において、反対運動が住民の学習をともないながら展開されているが、学習はますます高まり、運動はますます強くなってきていると思う。

秋田県では、戦後、県行政のいくつかの大規模事業計画に対して反対運動が起こったことがある。これらの県事業は、企業誘致に関わるものであるが、けっきょくは失敗に終わったと言ってもよい。いずれも、巨大開発にともなう住民負担や自然破壊・環境汚染が問題になり、反対運動が展開された。

これらの問題については、著作としてまとめた記録が残されている。その数は大変少ないが、「秋田湾開発」の問題をとりあげた後藤美千男著『ある自治体の運命　秋田湾開発』(1978年) と、大王製紙の秋田市への進出をとりあげた網代太郎著『大王製紙問題と秋田の自然破壊』(1994年) があげられる。前者は科学者、後者はジャーナリストによって著されたが、両著とも秋田の出版社から刊行された。これらは反対

運動についてもふれているが、それぞれの専門的な立場から県行政による事業推進の考え方を批判的に考察したものである。

　本書は、これらとは異なる観点から、秋田へのイージス・アショア配備の問題にアプローチしようとする。この問題については、最近『イージス・アショアの争点―隠された真相』というすぐれた共著が刊行された。これまでの展開における問題や課題をきわめてわかりやすく整理・点検した好著である。また、地元紙の取材班による『イージス・アショアを追う』も刊行された。これは、取材から報道に至るまでの過程について、裏事情をまじえて明らかにしたものである。本書は、これらの著作とは部分的に重なる面はあるかもしれないが、しかし基本的な姿勢は違うものと考えている。

　もう少し具体的に言えば、配備計画への反対運動に焦点をあて、市民が学習によって獲得した知識・技術をもって、軍事の専門家集団である防衛省と対峙し、矛盾や盲点、虚偽などをあばき、世論にうったえる力量の形成の過程を分析していく。そのうえで、市民の力によって正義に反する政策を撤廃させていくという意味において、まだあまり解明されてはいないが、「市民的専門性」という概念を用いて、市民の力を向上させるための課題を提起する。

　また、市民がこのような学習と運動を通して、政策

への不服従の精神、あるいは市民的抵抗の力を強め、民主主義が活力をとりもどすことに貢献していることから、法学や政治学の分野で用いられる「市民的不服従」という概念に照らして、反対運動の本質的なところに迫っていくことにしたい。本書のタイトルにこの市民的不服従という言葉を入れたのも、反対運動がこの後どのような経過をたどるかは予測できず、長い運動が続くことにも耐えなければならないと、覚悟する必要があるという意味を込めたからにほかならない。

　以上のような追究を目的とする本書の方法論は、「アクション・リサーチ」である。今や、人文・社会科学の研究方法として定着した感はあるが、筆者自身が運動のなかに入り込んで観察し意見を表明することにしているため、このような方法が適切と考えた。しかし、この方法を厳格に適用して追究できているかどうかは、まったくもって自信のないところである。読者の評価に委ねざるをえない。

目　次

はじめに ………………………………………………………… 3

第1章　なぜ「市民的不服従のはじまり」か
―― 反対運動へのアクション・リサーチ ………… 13

市民的不服従とは?/どのような行動があったのか/なぜイージス・アショア配備反対運動か/なぜアクション・リサーチなのか/なぜ市民的不服従のはじまりなのか

第2章　あまりに多い疑問点 ……………………………… 31

住民の不安/基地と住宅地の近さ/レーダーの電磁波強度は正しいのか?/電磁波強度測定の矛盾と不透明/レーダーの照射の方向と角度/電磁波の人体への影響/電磁波の医療機器等への影響/電磁波の航空機・ドクターヘリ等への影響/その他への影響

第3章　防衛省はどのような態度にでたか ……………… 69

説明時期の意図的遅延?/高圧的な計画進行/説明会をどのように開催したか/説明会の進め方/電磁波問題の専門家の人選/データミスへの対応/ときには住民の懐柔も?/譲歩は見せかけ?

第4章　首長と議会はどう対応したか …………………… 91

お互いに様子を見る/防衛省説明時の公開・非公開/知事はどう発言し動いたか/市長はどう発言し動いたか/今後どのような行動をとるのか?/県・市議会は請願・陳情をどう扱ったか/形式主義的な市議会/県議会も形式主義/態度保留の議員は何を考えているのか?

第5章　反対運動はいかに展開されたか ………… 127
地元町内会・住民の会の動き/全県的な反対する会の結成/知事・市長への申し入れ/全県市町村議会への請願・陳情/議会傍聴活動/住民説明会への参加/各団体の講演会・学習会・反対集会/会報・ニュースの発行/スタンディング、シット・イン、デモ行進、ビラ配布、街頭活動/署名活動

第6章　学び合いにより「市民的専門性」を高める … 159
市民的専門性とは?/地元住民の学習会と専門家の講演/市民団体の講演会・学習会における学び――市民と専門家の交流学習/住民説明会における市民と専門家の共同的学習/法律家団体の集会・学習会/市民団体メンバーと専門家の共同出版/市民的専門性の高まりと防衛省の専門性への対抗

第7章　過去の教訓に学び今後を展望する ………… 179
過去の基地反対運動/秋田では基地反対運動があったのか?――教訓を生かすために/辺野古新基地問題と同じになってしまわないか?/「国の専権事項」は民主主義のコントロールのもとにある/首長と議員はたよりになるか?/電磁波問題の徹底追究/署名運動を発展させる/科学批判の観点が大切/阻止のための訴訟は可能か/市民的不服従の行動は非現実的か/市民の力となるもの/市民運動とアクション・リサーチ

おわりに ………………………………………… 200

参考・引用文献 ………………………………… 205

第1章

なぜ「市民的不服従のはじまり」か
── 反対運動へのアクション・リサーチ

左：マハトマ・ガンディー [1869-1948]
　（ウィキペディア、https://ja.m.wikipedia.org）
右：キング牧師 [1929-1968]（ウィキペディア、https://ja.m.wikipedia.org）

市民的不服従とは？

　政治学や法学などという学問に多少なりとも関心のあるかたは、この言葉を知っていると思う。この言葉は、英語ではcivil disobedienceであり、これを翻訳した日本語である。アメリカの作家ソローが、当時の奴隷制とメキシコへの侵略戦争に反対して税金の支払いを拒否したときに、はじめてこの言葉を使ったと言われている。それは、1849年のことであるから、日本では江戸時代のペリー来航の少し前のころである。

　民衆が時の政府に従わないで、さまざまな形で抵抗したことは、古代から存在した。このような歴史的な事実があったうえに、ソローが生きた時代は近代社会であり、政治の主人公となったのは自由で平等な自立的な個人である市民であったことから、政府への不服従や反抗は市民的不服従と呼ばれるようになった。このような市民は、近代社会が産業の高度化や情報化、システム化などをとおして現代社会になってからも、本質的なところは変わらないので、同じく市民と呼ばれている。このため、市民的不服従という言葉は今も使われている。

　ソローが不服従を実践したあとも、世界の各地では人びとによって、政府への抵抗は実際におこなわれていった。このような市民的不服従については、学問的な研究も進められてきた。その成果をふまえて、次の

ように定義されている。

> 通常は政府の法や政策に変化をもたらすことを達成目標として為される、公共的で、非暴力の、良心的でありながら政治的な、法に反する行為
> （ロールズ、2010年、480頁）

> 自らの行為の正当性の確信のもとに行われる非合法的行為である。それは、特定の法や政策に自覚的に違反する公的行為であり、自分の良心に照らしてどうしても服しえない国家の命令に対してなされる。また、非暴力によってなされるのがその特徴的性格である。
> （寺島俊穂、2010年、15頁）

これらの定義からわかるように、市民的不服従は、自分の良心に照らして政府の法や政策を承服できないときに、それらにあえて違反する行為とされる。ここでいう政府とは、独裁国家の政府である場合もあれば、民主主義国家の政府である場合も考えられる。また、民主主義国家の政府にあっては、多数派がその背後にひかえているのが普通であろう。代表制の議会において、多数派の意向を受けて法が決定され、それにもとづいて政府が政策を実施していくからである。

しかしながら、市民的不服従の行為にうったえるのは、不利益な、あるいは不都合な状態にさせられてい

る少数派に限られない。多数派であっても、より有利な、あるいは都合のよい状況をつくりだすために、また事情が変化し、有利となっていた法や政策が意味をなさなくなったときに、実行することができるのである。

さらに、忘れてはならないのは、不服従は非暴力的な直接的行動の形をとることである。たとえば、デモンストレーションやシット・イン（すわりこみ）、ストライキ、サボタージュなどが、これまでうったえる手段としてとられてきた。このようなことから、国家を根本的に変えてしまう革命や自然法上の抵抗権の行使とは、まったく異なるものであることがわかる。

『正義論』で世界的に有名なロールズは、以上に述べた市民的不服従の特徴をよく考慮して、行為にうったえるにあたっての厳しい条件をあげている。つまり、多数派に対する通常のうったえかけが失敗していること、正義を回復するための法的な手段はなくなってしまったこと、少数派の権利要求がまったく無視されていること、合法的な抗議やデモが不成功に終わっていることが条件である。市民的不服従は、市民によって合法的に民主的になされる行動がもはや不可能となった場合に、最終的な手段として認められるのである。しかしまた、それは、立憲民主主義の考え方に従っておこなわれるときに、正当なものと見られるのである。

このように、市民的不服従は、非合法的であるが、

暴力をともなわない平和的な行動である。そして、直接民主主義的な行動にうったえるため、間接民主主義を補うだけでなく、その機能を活力のあるものにすることができる。

どのような行動があったのか

　学問研究の世界では、ソローの実践を市民的不服従のはじまりとしているので、これにあてはまるようなおもな事例を、歴史をふり返って見ていくことにしよう。

　ガンディーやキングの名前でもってすぐにどのようなことをした人物かがわかる人は、あんがい世界の歴史にくわしいかたかもしれない。ガンディーはインド独立運動を、キングはアメリカの公民権運動をそれぞれ先頭に立って導いた人物であり、今では伝説的な人物とされている。その後、不服従の行動と見られるのが、アメリカのヴェトナム戦争反対運動、南アフリカのアパルトヘイト政策撤廃運動である。最近では、香港雨傘運動やフランスの黄色いベスト運動などが思い出される。これらの運動においては、リーダー的な存在がはっきりしないか、リーダーは不在であるともいわれる。

　わが国に目を移すと、戦後の指紋押捺拒否運動が典型的である。これに、沖縄、内灘、砂川、長沼、恵庭などの軍事基地反対運動や反戦自衛官の闘い、国旗掲

揚拒否や国家斉唱における不起立行動などが、不服従の事例としてあげられる。数のうえでは、軍事問題に関わる事例が多いように思われる。現在進行形の沖縄の辺野古への新基地建設反対運動は、もっとも典型的なケースである。また、筆者は教育の分野に関心が強いが、この分野では勤務評定反対運動や1960年代の全国一斉学力テストの反対運動、教科書裁判運動も不服従行為にあてはまるのではないかと考えている。

　このように考えると、市民的不服従の実践と見なされる事例は数多くあったと推測している。ただ残念なことに、はっきりとした市民的不服従の基準というものは今のところ確立されてはいないので、事例として選択するにあたっては多少の判断のズレがあることもやむをえないであろう。そのうえで、もっと細かく調べていくならば、国外、国内ともにさらに多くの事例が見つかるかもしれない。

なぜイージス・アショア配備反対運動か
　このような小見出しをつけてしまったが、これは、筆者がなぜ反対運動をおこなうかの理由を述べるためではない。筆者はすでに運動のなかに入っていて、内側から観察することもしているが、自分を突き放して外側からも観察し、今後の運動の方向について意見を述べようとするためである。

それゆえ、秋田の人びとがなぜ反対運動にとりくんでいるのかを、筆者の学習会や講演会、諸会議などの内側での体験、防衛省の住民説明会への参加、県市の議会傍聴、関連報道などをもとに、事実として明らかにすることとなる。

　ここで、なぜ秋田の人びとなのかというと、運動が地元の秋田市新屋勝平地区の住民のみならず、全県の人びとの間に広まりを見せているからである。ただ、全国で２基のイージス・アショアの配備が計画されているので、もう一方の山口の人びととの連携についてもふれるならば、反対運動の広さや深さを語ることができようが、今はそのような時間的な余裕がなく、力も及ばないので、課題として残しておきたい。

　まずはじめに、人びとは、なぜ軍事基地の建設に反対するのであろうか。建設することの政府の言い分は、国民を外敵から守るためである。そのような外敵がいて攻めてくる兆候があれば、人びとはそれが必要であると認めるであろう。しかし、その政府の信頼性にもよるが、外敵から守るというのは言い訳であって、じつは敵を攻撃するための基地であることを隠している場合もないわけではないだろう。こう言えば、政府はもとより、多数派として政府を支えている人びとは怒り狂うかもしれない。そうではなくても、戦争を禁止しているわが国の憲法のもとでは、専守防衛のための

施設・設備であるから、設置することは正当なことであると主張するだろう。

ところが、秋田市の陸上自衛隊新屋演習場に設置する計画のイージス・アショアは、秋田の人びとにとって、自分たちを守るにふさわしい装備とは思われていない。秋田県民一人ひとりを確認すればはっきりするわけであるが、運動を内外から見つめている筆者の「実践知」では、県民は大勢としては配備反対のようである。秋田県議会や秋田市議会では配備反対の請願や陳情がこれまでずっと継続審査となっているが、これ以外の市町村の議会では反対の決議をするところが多くなってきているからである。議員は、選挙民の意向に非常に敏感であるから、県民の意向をふまえたものであろう。また、県外も含めた反対署名活動に応じた署名者数が、すでに10万人にも達していたから、このこともうなずける。現在、第二次の署名活動がおこなわれているが、これも10万人をめざしている。

秋田県選出の国会議員は、衆議院議員5人のうち3人が、参議院議員2人のうち1人が自民党に所属する。県知事も無所属ではあるが、保守系である。全国的にも、保守の基盤が強固な県である。このため、自民党政権の政策に異をとなえることは少ないはずであるが、イージス・アショアの配備については違っていた。反対運動を一部の人たちが騒いでいるにすぎない

と認識している県民も当然いるかもしれないが、そのような人びとは民主主義というものがよくわかっていないのだろう。

　民主主義国家では、政府の政策に反対の声をあげることは自由であり、もちろん賛成することも自由である。このようにして、意思を表明することこそが、民主主義にとって不可欠であることはいうまでもない。これまでの軍事基地反対運動も、このような民主主義の当たり前の実践としておこなわれてきたのである。

　軍事基地というのは、戦争を前提にした施設設備である。記憶であれ、知識としてであっても、戦争による国内外の人びとの甚大な犠牲を知っている人であるなら、嫌悪感をもつのは自然なことである。基地によって、戦争を目の前のものとして感じることになるからであろう。近くの住民は、人権として学習の自由を保障されているから、それがどのような基地であるのかを知るために、さまざまな手段で情報を集め、情報交換し、話し合いをおこない、その是非について判断をすることになる。その結果が、秋田におけるイージス・アショア配備反対運動となったのである。

　軍事基地が目の前にできると、これまでの平穏な生活が四六時中、戦争と隣り合わせの生活になる。施設や設備・装備の管理上のミスで事故も発生する。毎日、毎日が、不安と恐怖におののく生活となる。これでも

賛成という人がいれば、自分の生命や安全を何とも思わないきわめてまれな存在と言える。ほとんどの人は、声を出して言わなくても反対の気持ちを抱く。それが自然であろう。そして、反対運動は、誰かがリーダーとなって強力に導くのでなくても、自然発生的に起きるようになる。これが秋田での運動である。

　運動は、最初のころは漠然とした不安にかられた、小さな火のようであったと思われる。しかし、住民が学習をとおして知るようになった、電磁波による健康被害、有事において最優先して攻撃を受けることやテロの標的のおそれ、ものものしい警備による生活環境の変化など、いずれについても住民の納得のいくような真実が示されていない。それだけでなく、意図的ではないかと疑われるようなデータのミスが発覚し、軍事機密の名のもとに隠蔽体質も明白になっている。防衛省は何をもくろんでいるかさっぱりわからない状況にもなってきていることから、反対運動は大火災のように大きくなっていると言ってもよいだろう。

なぜアクション・リサーチなのか
　軍事基地反対運動については、反対する立場から、運動を分析的に明らかにすることはあった。報道機関やジャーナリスト、評論家、研究者などが、それぞれの立場から試みてきた。また、賛成する立場から、運

動を支援する意味をもって明らかにすることもあった。しかし、いずれの立場からでも、運動を外側からとらえることがほとんどである。内側からとらえることは、プロパガンダと見なされやすいことから、内側からのアプローチをとるのはきわめてまれである。

本書は、このようなとらえ方の問題を克服するために、運動をアクション・リサーチの方法でとらえていくことにしたい。アクション・リサーチとは、実践や行動の現場でおこなう研究を意味する。つまり、研究者が、対象者の活動にかかわりながら、積極的に働きかけ、対象者の実践が変化していく過程を考察することを指している。もともと、社会心理学という学問領域において、集団活動を科学的に研究するために用いられてきた方法である。

それでは、このアクション・リサーチは、どのような特徴をもっているのであろうか。特徴をどのようにとらえるのかについては、さまざまな立場がある。それらの共通点を見るならば、研究者が、目標とする社会的な状況が実現されるように、ある価値観をもって対象者と共同で実践をおこない、その変化の過程をとらえる研究と言える。

これをイージス・アショア配備反対運動にあてはめると、筆者が研究者で、反対運動をおこなっている個人や団体などの人びとが対象者ということになる。し

かし、運動はさまざまな立場の複数の個人や団体によって担われており、特定の対象に限定しても全体をとらえることはできない。したがって、対象によって目を向ける強さは違うが、それらの対象をよせ集めた総体をとらえることになる。

　反対運動は、イージス・アショアが秋田市新屋勝平地区の陸上自衛隊新屋演習場に配備されることを阻止することめざしている。しかし、この演習場は、国の所有地である。国は所有権にもとづいて自由に処分してもよいので、この場所をミサイル基地にすることは勝手にできるはずだという人びとがいる。また、政治家のなかには、国防にかかわることは国の専権事項だと言いきる人もいることは事実である。そうすれば、配備することは容易なはずである。

　ところが、それは権力側の理屈にすぎない。わが国は、立憲民主主義をかかげる民主主義国家である。そして、主権者は国民であり、必ずどこかの地域の住民でもある。それゆえに、それぞれの行政をまかされた国家機関が、国民や住民の声を無視してものごとを進めることはできない。防衛省が、心底そのように考えているかは疑ってしまうが、「地元の理解」という名の承認を取りつけるために、秋田県を訪れ、知事や市長、議会議員、地元民に説明してきたことからも、そのことはわかる。

このようなミサイル基地の新設を目標とする国と、その目標に反対する市民の攻防は、どちらの側からも暴力をともなわないでなされている。これを市民の側に立って、国の目標達成を止めるためには、研究者が傍観しているだけでは何の役にも立たない。しかし、反対運動のなかに入り込み、共に学び、考え、より効果的な展開の仕方を提案するなどの実践をとおして、反対運動の力量の向上に貢献し、同時に運動の変容を明らかにしていくことができる。つまり、アクション・リサーチの方法を用いる研究が効果的である。

　とくに、この研究者としての筆者は、教育研究、なかでも社会教育研究の立場から、反対運動の実践者である個人や団体が学習をとおして獲得した知識や技術を使って、国家防衛の専門家との議論や論争をおこない、目標達成のための手段の虚構性や矛盾などを認識させるような力量の形成の過程をとらえることができる。

　アクション・リサーチは、このように、少しでも運動の目標とすることに賛同し、運動に身を投じている研究者にとって、もっともふさわしいアプローチの方法であると考えられる。

　このようなアクション・リサーチのなかでは、よく参与観察やインタビューの手法が用いられる。筆者自身が研究者として反対運動の場面に参加して、対象を観察し記述しているという点では、参与観察をおこなっ

ている。また、筆者は、運動のダイナミズムをとらえるために、運動を担っている市民団体や市民グループの生の声を聞くために、4つの団体・グループからメンバー1人ずつ、計4人にインタビューを試みた。これらの声は、必要に応じて本書の記述のなかに取り入れている。ここに記して、感謝を申しあげます。

なぜ市民的不服従のはじまりなのか
　市民的不服従は、政府の法や政策を承服できないときに、それらにあえて違反する非合法行為であるが、そのようなことをしてまでも法や政策の廃止や転換を求めるには、よほどの覚悟が必要である。拘束されたり、刑罰を科せられるおそれも十分にあるからである。
　イージス・アショアの新屋演習場への配備計画は、ここでいう政府の政策にあたるだろう。地元住民に限らず多くの県民がこの政策を承服できないとして、反対運動にとりくんでいるが、非合法行為にうったえているわけではない。集会の開催、デモ行進、ビラ配り、スタンディング、署名集め、議会への請願や陳情、首長や政治家への申し入れなどの手段を用いる、合法的な行為として進められている。このような運動によってでも、政府の計画を推進する意思にゆらぎを生じさせつつあるが、まだ不透明で予断を許さない状況が続いていると思われるので、ひき続き忍耐のいる運動が

求められている。

　これまでの運動で用いられてきた手段は、憲法で人権として認められている自由や権利の行使であり、これらを効果的に生かして政府の政策の実現を止めることができるならば、民主主義社会においてはもっとも望ましいことである。合憲かつ合法であるから、市民的不服従という言葉さえも必要がないのである。

　それではなぜ、筆者は本書のタイトルのように、「市民的不服従のはじまり」という言葉をもちだすのか。

　市民的不服従行為にうったえることは、ロールズの言うように、最後の手段としての選択肢である。これまでの手段を最大限に生かして政府の目標を止めることができれば、その時点で運動は成功し勝利したことになる。しかし、いくら合法的な手段を尽くしても不可能であることが明らかとなった場合、不服従行為にうったえて運動の形態を変えることに「いちる」の望みが託されるであろう。つまり、合法的に運動がおこなわれ、運動を続けることで目標達成が期待できる段階では、不服従行為を語る必要もない。今はその段階であるが、しかし、合法的な運動によって確実に目標を止められる保障はないのである。そうなれば、最後は市民的不服従にうったえるという覚悟が必要であろう。

　そのような市民的不服従は、民意を無視して強行す

るならば、不服従行為を実行すべしという「正義感覚」（もともとは、正・不正を判断する道徳的能力であるが、この場合は不正義に対して不服従を決意する能力と言える。）にもとづいている。こうした正義感覚は、運動にたずさわる人びとはいつでも不服従行為を実践できる能力としてもち合わせているものであり、当然のように要請される合法的に運動を進めるにあたっても基盤になっている。

　しかし、合法的運動に限界が見えてきた場合に、そこであきらめて済むのであればそれでよいが、イージス・アショアの配備計画のような無謀な政策は撤回されるまであきらめきれないのが、地元住民はもちろん運動にたずさわる人びとの本心である。それだけに、市民的不服従行為は最後の手段として残しておきながら、合法的運動として反対していくにあたっても、市民的不服従行為の実践の覚悟をもった運動として徹底的に取りくむという意味では、厳密な言い方ではないが、「市民的不服従のはじまり」なのである。

　市民的不服従行為の特徴としての非合法性であるが、これは違法行為にうったえることを意味する。しかし、法といってもランクがある。制定法であれば、憲法にはじまり、法律、政令、省令、規則、告示などさまざまである。法律以下は、憲法に反してはならないが、合憲性の司法審査を受けているとは限らない。

これらのなかでも、政令は内閣が、省令は各省庁が容易に定めることができる。これらが当然、合法的なものであるとは限らない。それでも、政府の政策に強く反対する運動は少しふみはずすだけで、これらの法令にふれる可能性がある。この意味でも、反対運動は違法性とつねに隣り合わせにあり、いつでも市民的不服従行為となりうる。

これまでの反基地運動においては、すでに市民的不服従行為が実行されたが、それでも敗北したケースは多い。だから、不服従行為を実践しさえすればよいということではない。むしろ、合法的な運動こそが参加する市民の抵抗感や負担感を軽くし、より多くの人びとの支援がえられやすいように思うので、このような観点を徹底した市民運動を期待する。このように言うと、大変「弱腰」に見えるかもしれないが、アクション・リサーチの研究方法で運動にかかわる以上は、大胆な言葉よりも、その裏にある地道な行動を大切にすべきものと考える。

非合法な「市民的不服従のはじまり」は、合法的な「不服従行為の徹底的な実践」と同じレベルにあるのである。

第 2 章

あまりに多い疑問点

上：新屋演習場入口付近（2019 年 12 月筆者撮影）
下：近隣の保育園から東側市街地を望む（2019 年 9 月筆者撮影）

住民の不安

　「軍事基地」「ミサイル基地」と聞いて、これに親近感を抱く人はいるだろうか。いるとしても、そのような人は、よほどの軍事マニアや軍事関係者であると想像する。筆者自身が署名活動や街頭行動をしていても、通りすがりの人のなかには、配備賛成という趣旨の声をあげていく人がいる。反対運動に対する思想信条的なレベルからの反発の場合や、一時的な感情的反応の場合など、さまざまであると考えられる。これらの人びとはごく少数であり、配備予定地の近くの人ではないと思うが、この種の問題についてはよくお目にかかるシーンである。

　今日のわが国の平和を称賛し、これからもそうあってほしいと望んでいるたいていの人びとは、軍事やミサイルという言葉を聞いて、恐怖や不安を感じるのが自然である。防衛当局はイージス・アショアを「防衛装備品」と呼び、住民説明会や記者会見などにおいては、できるだけ物騒なものごとではないことを強調するために言葉を選び、いわゆる官僚的な答弁をくり返すが、これも見慣れた風景で、問題意識をもつ人びとには何ら通用しない。物騒なものだからそうするのであって、このようなやり方にだまされる時代は過ぎ去ったと言える。

　今や人びとは、報道機関のニュースをもフェイクか

どうか神経をとがらせるようになっている。SNSは、その人の指向性が高く偏見が生じても不思議ではないが、一方的にニュースや番組を発する報道機関も、政治問題についての報道スタンスが左から右までさまざまである。単純に言い切れるものではないが、イージス・アショア配備反対運動に対しては、よほど今の政府寄りの立場でない限り、親近感をもって報道していると筆者は見ている。

　これまでの軍事基地問題への取りくみも同じであった。民間の報道機関は、どのような位置をとろうとも自由であり、真実を明らかにするためには不可欠である。地元紙が防衛省の説明資料の仰角データの誤りについて報道し、大騒ぎになったことは記憶に新しいが、地元紙の秋田魁新報社の報道姿勢がそのような結果を導いたと言える。

　この問題とかかわって、最近のエピソードをあげておきたい。NHKは、秋田放送局の特集番組「きんよる秋田『検証　イージス・アショア〜独自調査で探る住民の"声"〜』」(2019年12月21日)でイージス・アショア問題を取りあげた。NHKはすでに2018年7月4日に全国放送の特集番組でこの問題を取りあげ、すでに設置されているルーマニアと現在設置作業中のポーランドのイージス・アショア問題を放送したことがある。他の放送局に先駆けて、問題意識豊かに取り

あげていたようであるが、それは秋田の現実の問題と重なるものであったので、反対運動に入り込んでいる立場からは好評であった。

ところが、NHK秋田放送局の番組は、地元住民に直接顔を合わせてアンケートをお願いしたところ、108人が応じ、そのなかの何人かにインタビューを試みたものであった。筆者は、配備反対運動にかかわっている立場で、秋田放送局の番組に接することになった。視聴直後に、少しの違和感をもったので、以下に述べる。

NHKは、公共放送である。客観性や公平性、公正性を守って報道する姿勢を強くもっているはずである。今回の番組は、それが裏目にでたのではないかというのが、筆者の見立てである。

予定地の新屋勝平地区は、人口1万3千人ほどである。そのなかの108人であるが、アンケートの意見は多種多様であったという。そんなに数は多くないので、おおよそ反対、賛成、態度保留がそれぞれ何人かを知りたかったが、そのような報道はなかった。

これまでの報道機関の選挙報道のように、反対する住民がやや優勢であることが映像から感じられた。住民の本音はどこにあるのか、一軒一軒たずねたという。インタビューに応じた人は、数人であったと記憶している。どの人も言葉で明白に「反対」「賛成」と言っ

ていたわけではないけれども、反対の側に立つ人が多いように感じられた。そして、この立場の人は画面に顔をだす人が多かった。これに対し、賛成の側に立っていると思われるような人は、やや数は少なく、画面には顔をださなかった。

　客観的に公正にということであれば、少数意見も尊重しなければならない。むしろ、放送では、こちらの意見をていねいに追っていたように思う。その一人は、「どちらかといえば賛成である。どこであっても反対はある。どこかにつくらなければならないなら、新屋であっても受ける。しかし、まわりの目があり、自分の意見を言いだしにくい。こういう人もいることを知ってほしい。」と言っていた。もう一人は、「どうせ、いくら騒いでも行政で決めたことだから、おまかせするしかない。自分の声は聞いてもらえないので、あきらめている。」と述べていた。これが賛成かどうかは判断がつきにくいが、多様な意見の一つである。

　反対運動の立場では、尊重しなければならないとしても、反論したくなるケースであるが、これも現実をあらわしているのであろう。NHKは、このような意見を拾いあげつつ、国内への配備に賛成する声はけっこうあったと報道している。

　軍事にかかわる反対運動については、現行憲法のもとで平和を保持してきたわが国では、反対する声だけ

を取りあげることがけっこうある。政策や施策のなかには、このような反対の声があがらないものが多く、声があがること自体が問題性をはらんでいるからである。逆に言えば、このような声に反する声を伝えることもまた、少数意見の尊重として大切なことかもしれない。

　NHKは公共放送だから、すべての立場を公平に扱ったということになるが、少数意見を強調すればするほど、地元住民の意見が割れていると、とらえてしまう面もある。もちろん、いかなる物事も100％の賛成をえられるわけではない。しかし、賛成・反対・どちらでもないを3等分する形で取りあげると、単純に住民の意見は割れて対立しているという印象をもたせてしまう。

　もう一つ言わせてもらうならば、NHKの記者のインタビューに東北防衛局の局長が答えていたことについてである。この局長は、データミスと職員の居眠りなどの混乱後、体制の心機一転の意味を込めて就任した人であろう。一問一答の形で記者の質問に答えていたが、筆者は、防衛省の住民説明会や議会への説明会で説明した内容をそのまま引き写したような感じを受けた。記者の質問もそのような答えを引き出す内容であったかもしれない。

　当初から防衛省の説明に接している立場から言わせ

てもらうと、防衛省の考え方は終始一貫して変わっていないし、態度は当初のころと比べるとやや柔軟性はでてきているが、本質は変わっていないと思う。

民放ではなく、NHKだからインタビューに応じたのか、そのへんのことはもっと探るならばおもしろいかもしれない。ただ、コメンテーターの専門家の立場は、賛成から反対までかなりバランスを考えていたように感じられた。もっとも、以上のような言い方をする筆者自身が批判されるかもしれない。

このようなエピソードをふまえて住民の不安について述べさせていただいたが、住民はこれまでわからなかったことがよくわかるようになり、また新たな事実がでてくるたびに、不安感を増しているように思われる。それだけ、住民は学習を重ねており、支援の輪も広がっている証拠である。

これに対して、後で述べるように、首長や議会が態度を表明していない。住民がもっとも頼りにしているのは、首長や議会であることは、配備撤回を求める請願・陳情が県議会と市議会で継続審査となるたびに、落胆の表情を見せる新屋勝平地区振興会の人びとの姿が報道されることからも明らかである。だから、住民の不安は、自分たちを守ってくれるはず政治家への不信感と重なって、さらに増幅している。

国防という概念の不透明さやイージス・アショアが

迷惑施設であることは明らかであること、住民の意向などから、反対を表明するなら称賛されるはずなのに、何かをおそれ、防衛省の調査および再調査を信じ切っているかのように態度を明確にしないのは、保守系の政治家特有の性質なのであろうか。称賛に値する政治家もいることはたしかである。山口の阿武町の花田町長のように。

基地と住宅地の近さ

　軍事基地は国土を守るためだけではなく、敵国を攻撃するためにもある。これが軍事の常識であろう。わが国の平和憲法のもとでは、政府も国民も専守防衛で一致しているので、自衛隊の基地は、攻撃のために使用することはできない。しかし、防御一辺倒で防衛を果たすことができるのであろうか。大変むずかしい問題なので、防衛論、戦略論などの専門分野で議論して解決されるべきであろう。もちろん、わが国の場合は憲法論との関連で論ずるのが不可欠であろう。

　このような理論の問題はさておいて、軍事基地は、有事のときには最優先的に攻撃の対象になる。これは、専門家も言うように軍事の常識である。しかし、住民説明会において、防衛省は、イージス・アショアを配備することによって、より安全になると答えている。これは、どのような意味であろうか。

山口と秋田の2基により、国内のどこをねらった弾道ミサイルでも、基地からミサイルを発射して宇宙空間で迎撃するのだから、日本全国が安全ということになると言えるものの、基地のある地域がより安全ということにはならないだろう。仮に基地そのものが安全だとしても、打ちもらしたミサイルが地域を直撃することは十分にありうる。たんに、その基地から迎撃ミサイルが発射されるのだから、一番に基地が守られ安全というのでは、あまりにも単純で短絡的な論理である。説得力があるように見えるが、じつはまったくの虚構である。まして、レーダーでとらえにくいという潜水艦から発射される弾道ミサイルや巡航ミサイルが基地をおそう場合は、基地およびその周辺がもっとも危険ということになる。

　イージス・アショアについては、公式には攻撃ミサイルを発射できると表明されていない。しかし、この装置は攻撃能力をもつことができると言われる。すなわち、「トマホーク巡航ミサイルをVSLに格納することは技術的になんら問題ない。自民党の『敵基地反撃能力』推進者たちはそれに賛成するかもしれない。そうすると、『新屋とむつみ』は、米・ロ・中の軍拡競争に巻きこまれるかたちで＜攻撃基地＞に変身することになる。」(前田、2019、p.61.)

　逆に、もっとも攻撃されやすい対象となる。「固定

された地上発射型ミサイルは先制攻撃には弱い。」のは、事前にその位置を敵に知られると、第一撃で破壊される対象になるからであり、そのような攻撃においては、相手に位置がわからないままに発射できる潜水艦型ミサイルが有利である（烏賀陽、2019、pp.46-47.)。潜水艦は、弾道ミサイルだけでなく、巡航ミサイルも発射できる。巡航ミサイルは数百km以上の目標を攻撃できると言われるので、新屋は日本海、太平洋の公海上からいくらでも攻撃されうるという理屈になる。

　このような外からのミサイル攻撃に加えて、内からのテロの標的になる危険も目に見えている。防衛省の説明のように、厚く警備体制を整えても、テロの形態は予測不可能である。まして、基地に沿って国道があり、1日1万7千台ほどの車が走行するのだから、車を利用したテロがまったくないとは限らない。1台ごとに止めてチェックでもするというのであろうか。基地があること自体が、日常生活を不穏にするのである。

　住民は、このような攻撃に対する不安におびえながら、半永久的にそこで暮らすことになる。政策を進める側やそれに賛同する人びとは、喜んでこのような場所に住居をかまえるのであろうか。住民説明会では参加者から、防衛省の職員と家族にこの地域に住んでもらいたい、核シェルターをつくってもらいたいなどと

いう、冗談のような要望がだされる一幕もあったが、防衛省側がこれを無視するのは当然といえば当然であった。基地を目の前にして毎日生活する住民にすれば、うそいつわりのない本音であり、切実な願いであるのだが。

　住民の不安の原因は、まだたくさんある。攻撃対象になることとの順位はつけがたいが、強力な電磁波につねにさらされるということがある。電磁波の影響は、その発する本体に近いところほど大きい。レーダーの能力と運用についてはまったく明らかでなく、防衛省に対する大きな不信の原因になっている。国民が根拠を確認できたり、検証することができるのが民主主義国家というものであろう。それができないのであるから、虚構である。防衛省の説明はそれを信じろと言っているようなものであり、民主主義国家においては最悪のシナリオであろう。

　ほかに、前田氏が『イージス・アショアの争点―隠された真相を探る』（2019年）の掲載論文で述べているように、迎撃ミサイルのロケットのブースターの落下と、攻撃対象になることとの関連で日常的な監視活動が住宅街に対しておこなわれることが、不安の大きな原因となろう。これらについては、攻撃対象と電磁波の問題とともに、項目をあらためて説明することにしたい。

このような住民の不安は、秋田市全体の不安でもある。核弾頭による攻撃がなされたときの被害や、レーダーの全方位への照射、さらに水平方向への照射、試験照射、秋田空港への航空機の発着やドクターヘリの運行、医療機器への影響など、何一つ納得できるものはない。

レーダーの電磁波強度は正しいのか？
　ミサイルやテロによる攻撃は、誰でもがイメージでき、その怖さも想像できるが、電磁波は目に見えるものでないため、原発事故などによる放射線汚染と同じく、いっそう不安をかきたてる。荻野氏が『イージス・アショアの争点――隠された真相を探る』に掲載した論文において記述しているように、電磁波の性質・強度や被曝についてはかなりのところまで解明されているが、被曝の影響については疫学的研究が進んでいないため、その危険性がデータにより示されていないのが現状である。これまでの政府や産業界は、その危険性が数字であらわされない限り、人びとの生命や健康よりも経済活動を優先するのが当然であるかのように、最近、環境問題で重視されるようになっている予防原則にもとづいて、措置をとるようなことはしていない。
　住民や支援する人びとは、これまでさまざまな手段で学習を重ねて、電磁波にかんする知識をもつように

なっている。電磁波の性質や強度、被曝による人体への影響や病気などについて、だいぶその真相を知るようになった。それでも、専門分野としてはまだ明快な解答がだせないでいるためか、住民の不安は当初より増していると見られる。イージス・アショアの配備は、2025年までに終えるという計画である。仮にこれが実現するならば、このような不安はそのころでも当然続いているであろうし、むしろ増しているかもしれない。

このような電磁波被曝にかかわる不安のもっとも根本的な原因は、どこにあるのだろうか。それは、言うまでもなく防衛省側にある。イージス・アショアの電磁波を発するレーダーは、まだ完成していないローキード・マーチン社製のLMSSRである。既に稼働しているルーマニアと現在建設中のポーランドのイージス・アショアのレーダーは、レイセオン社製のSPY-6であることがわかっているが、秋田、山口に予定しているレーダーはまだこの世に存在していない。

だから、防衛省のレーダーの出力のデータは、アメリカに頼らざるをえない。2019年5月27日付けの秋田県・秋田市への説明資料（図1）では、レーダーの電磁波の強度である「電力束密度（S）」の計算式が示されている。これについては、「イージス・アショアのレーダーから230mより離れた場所では、人体への影響がなく、安全という結果になりました。」

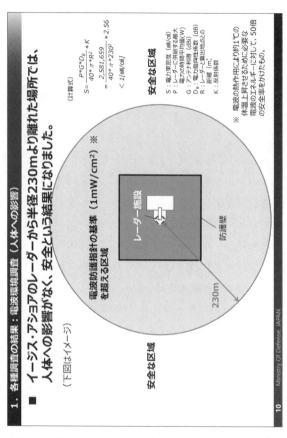

図1：「秋田県・秋田市ご説明用（5月27日）イージス・アショアの配備について―各種調査の結果と防衛省の検討結果について―」令和元年5月、防衛省、p.10.（防衛省ホームページ https://www.mod.go.jp/aegis-ashore）

という記述があるが、総務省の電波防護指針の基準（1mW/cm^2）を超えない数値であることを導きだすために用いているのではないかと疑ってしまう。S（電力束密度mW/cm^2）は、P（レーダーに供給する最大電力の時間平均値W）、G（アンテナ利得dBi）、D$_\theta$（電力指向性係数dB）の積を、(40)、π（円周率）、R（レーダーと算出地点との距離m）の2乗の積で割り、それにK（反射係数2.56）を掛けたものとされている。

そして、資料には、P、G、D$_\theta$の積が2,581,659（住民説明会では、この数値は最悪の場合であると言葉で説明していた。資料には、このことは表示されていない。）と算出されていて、これを図1の40×3.14×230^{2}で割ると、S = 0.99470311mW/cm^{2}となり、1mW/cm^{2}未満となる。この数字を見る限り、1mW/cm^{2}未満になる距離が人体に影響しない230mをつくりだしたのではないかと錯覚してしまう。2,581,659という数値は公表しても、P、G、D$_\theta$それぞれの数値は軍事機密で公表できないと説明する。

住民説明会では、この2,581,659という数値は、アメリカから提供されたものであると説明された。具体的にどこからどのようなルートで入手したのかは、もちろん説明がない。参加者からも質問はなかったが、それは軍事機密であると返答されるに決まっているからであろう。筆者は、説明会の際には気がつかなかっ

たが、レーダーがどのくらいの出力のときに、このような数値になるのか説明がないことに疑問に思う。最小のときか、平均か、最大のときかは、まったく闇のなかである。最小のときとすれば、最大のときの数値が知りたくなる。

疑えばきりがないが、アメリカで何かを意図して提供した数値ではないか、あるいは日本にきてから操作された数値ではないかと、想像をたくましくしてしまう。このようなトータルの数値が、レーダーの電磁波の強度をあらわしており、レーダーの性能を示しているなら、敵にも知られることと思うが、どうしてP、G、$D_θ$の値は機密なのであろうか。専門知識なしで言うが、レーダーを避けて攻撃する兵器を開発されてしまうのか、レーダーの照射を妨害・攪乱する技術を開発されるから困るのだろうか。その理由がわかれば、納得できないこともないが、とにかく機密扱いにしてそれ以上は立ち入らせないので、邪推してしまう。

信頼のできる科学者から見解が述べられるなら、いったん落ち着いて考えることもできるが、現時点ではそのような状況にはない。レーダーの電磁波にくわしい科学者は、秋田にはいないのであろうか。科学者が科学的根拠を表明することで、政治的な圧力や攻撃を受けることをおそれているのであれば、科学といえども政治性を帯びざるをえないことを証明することになる。

科学だから政治とは無縁ということにはならないだろう。

　内部者が数値を操作できるのに対し、外部者がまったくチェックすることができなければ、たとえ科学的根拠があり軍事的ダメージも大きいから示せないと主張されても、中身のわからないものを、とにかく信じろと言うのと同じだから、不信感が増幅するのは当然である。科学的に証明されていないことには慎重にならざるをえないが、このようなデータの示し方は、科学以前の問題であろう。

　イージス・アショアが配備されると、攻撃やテロの対象になることやブースターの落下のおそれなどは、住民にとっては、明らかにイメージできる不安である。ところが、レーダーの電磁波の問題は具体的なイメージ化ができないうえ、真実が隠されているのかどうかがわからないがために、いっそう不安がかきたてられる要素である。

　それでも、防衛省が示した電磁波のデータについては、当初にくらべると、解明のための努力がなされるようになってきた。防衛省は、もっとも基本となるP、G、D_θの積を 2,581,659 という数値として示しているが、これにもとづく電波の強さは、科学者の努力により推定されるようになってきている。この推定が正しいかどうかもまた、検証されなければならないのではないかと思われる。このような意見の正否をわきに

第2章——あまりに多い疑問点　　47

置き、科学者の努力を紹介する。

　荻野（2019）は、前にあげた論文のなかで、「『イージス・アショア』はメインビームがピークで約5MW（500万ワット）相当で、平均でも350KWだそうである。とても強いわけだから、あらゆる方向に出ているサイドローブ強度を無視するわけにはいかない。……サイドローブはメインビームの約100分の1程度と考えて良いだろう。」(p.101.) と述べている。これに対し、憂慮する山口の科学者（2019a）は、「サイドローブよりも数千倍も強いメインビームは決して地面や山、人に向けてはならない。メインビームといえども数度の拡がりがあるので直射でなくとも、数百mの近隣では影響は無視できない。」(p.4.) と言う。メインビームとサイドローブの強さに大きな開きがあるが、この点については検討が必要と思われる。この面にくわしい科学者の登場を期待したい。

　このように、イージス・アショアのレーダーの出力は、たとえ既存のものであっても、依然として不透明である。防衛省の説明資料にあるデータがどのような出力の段階のものなのかについては、筆者のように疑問を提起する人は、あまりいないように見受けられる。このような疑問に異議を唱える科学者は、ぜひ検証してほしいと思う。ただ、憂慮する山口の科学者（2019a、pp.2-3.）は、どのような段階の出力かは問わずに、

イージス艦に搭載のSPY-1レーダー（最大探知距離は500kmと言われている）を参考に、防衛省の提示するPGD＝2,581,659にもとづいて出力について検討し、「むつみから北朝鮮全土は1000kmの範囲である。秋田からは1300km必要であるので、妥当な数値である。」と述べている。

ついでに記すが、山口の科学者は、山口県の山陽小野田市の旧海上自衛隊通信所跡地に計画されているDSレーダー施設の建設についても関心を示している。このレーダーは「6000km以上の高空を四六時中監視（SSA）する」もので、「高度3万6千kmの静止衛星に対してリスクを与える宇宙ゴミや不審な挙動の第3国の人工衛星（いわゆるキラー衛星）を監視する能力を持つという以上の性能などはまだ明らかではない。」（増山、2019b）イージス・アショアのレーダーと関連する問題を取りあげている。

イージス・アショアのレーダーは、山口と秋田で同じものなので、秋田での研究が進められていないとしても、山口の研究の成果が公表されるなら十分に恩恵をこうむることができる。双方が連携した研究であれば、より望ましいとは言える。

それでは、電磁波の強度が許容範囲内にあるかどうかの、電波防護指針の基準（$1mW/cm^2$）とは、どのようなものなのだろうか。防衛省説明資料では、「電

波の熱作用により約1℃の体温上昇させるために必要な電波のエネルギーに対して、50倍の安全率をかけたもの」と注意書きしている。このように、電磁波の熱作用についてはふれているが、住民がもっとも心配している発がん性にかかわるとされる非熱作用については、一切ふれていない。

わが国の防護指針の$1mW/cm^2 = 1000\mu W/cm^2$は、世界的にもそんなに厳しいものではない。50倍の安全率をかけたとして、いかにも安全を考慮したと主張する。しかし、荻野（2019）によると、「パリやモスクワは$1\mu W/cm^2$、欧州議員会議の決議は0.1（当面）中期的に0.01、最終的には$0.001\mu W/cm^2$をめざしている。」(p.169.) これらに比べると、はるかに大きな数値である。

もちろん、防衛省は、説明会では、日本より基準値の高い先進国の例をあげて反論はしていた。ここにも、誤解させるテクニックが含まれている。なぜならば、このような数値の比較は同じ条件のもとではじめて正確なものとなるが、どのような段階の出力の値であるのか、またアメリカから提供されたとするデータをそのまま信じてよいかどうかは検証できないからである。世界には、戦争や軍事にかかわって、真相が解明されていないことがまだ山ほど存在することは、周知のとおりである。

電磁波強度測定の矛盾と不透明

　電磁波の強度は、机上計算によってのみ示される予定であった。ところが、秋田市長から要望がだされて、実測することになった。しかしながら、実際に稼働するレーダーはまだ完成していないので、防衛省のとった手法は、現在自衛隊で使っている移動式の対空ミサイルシステム「中SAM」のレーダーを発射しての電磁波の実測であった。

　イージス・アショアのレーダーは未完成である。中SAMはこれに比べてはるかに出力が低いことは、一般の人びとでも容易に想定できる。当然、何かを基準値にし、それに何かを根拠に倍率を掛けると、レーダーの出力する電磁波を算出することも想定できる。実際、そのように進められたが、レーダーの照射の方法に疑問があっただけでなく、実測で検出された数値があまりにも低く、にわかには信じがたいものがあった。

　実測調査の結果を載せている説明資料には、中SAMのレーダー図が描かれている（図2）。そして、「レーダー位置から計測地点方向の上空に向かってレーダーを放射。」と説明されている。レーダーのビームは糸状に出ていくわけでなく、ある程度の広がりをもつはずであるが、しかし、その広がりが横と縦の方向にどのくらいの角度になるかは記されていない。また、実測調査のさいには、レーダーがどのように上方向に

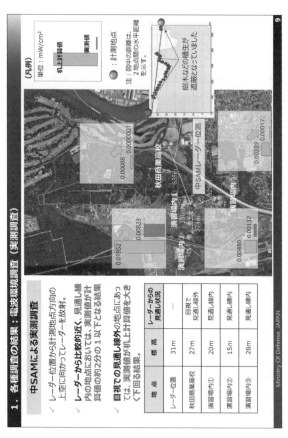

図2：「秋田県・秋田市ご説明用（5月27日）イージス・アショアの配備について─各種調査の結果と防衛省の検討結果について─」令和元年5月、防衛省、p.9.（防衛省ホームページ https://www.mod.go.jp/aegis-ashore）

向けて照射されたかは、仰角15度以上と書かれた図のみが掲載されていた（防衛省、平成31年2月26日、p.5.）。

この中SAMレーダーの照射による電磁波の実測の地点は、図2の4か所である。演習場内①、演習場内②、演習場内③、秋田商業高校がそれであり、通常のレーダー照射方向をイメージとして描いた図3（61頁）のメインビームの横方向の角度と照らし合わせると、演習場内①と演習場内②がメインビームの照射方向にある。しかし、レーダーの位置の標高が31mであり、15度を意識して上方向に照射したと思われるので、標高20mの①と標高15mの②の測定数値は、メインビームの直射を受けたのではなく、サイドローブの電磁波を示しているはずである。図2の机上計算値は中SAMの距離に応じたメインビームの数値なのか、それともサイドローブの数値なのかは明記されていない。

中SAMの性能は軍事機密とされているので、説明資料において実測値より大きく上回るとされる机上計算値も闇のなかにあるものだが、現段階では萩野論文のように防衛省の発表数値をたよりにすると、次のようになる。

すなわち、中SAMのメインビームの電磁波の強度はイージス・アショアの約100分の1程度であり、

イージス・アショアのサイドローブはメインビームの約100分の1程度の強度であるから、中SAMのメインビームの強度はイージス・アショアのサイドローブ強度とほぼ同じである（荻野、2019、p.118）。だから、イージス・アショアのサイドローブの強さは、中SAMのメインビームを上空に向けるのではなく、直接地上の観測地点に向けて照射すると明らかになったはずであるという（p.119）。

　しかし、これは防衛省が示した数値にもとづくと、このような結果がえられるという話である。実測においては、中SAMからどのような出力でメインビームを照射したのかは説明がないので、意図的に導き出された実測値の可能性も捨てきれないのである。なによりも、中SAMであれ、イージス・アショアであれ、外からではレーダーの電磁波の強度について真実を知りえない点に、不信感をいだく根本原因があると考えられる。

　なにしろ、この実測については、実測値よりも机上計算値のほうがより厳しく、より安全を考慮したものであり、イージス・アショアのレーダー電磁波の机上計算値も信頼に足るものであると、防衛省が信じさせるのに利用されたとの批判もある。防衛省にとっては、中SAMを実際に人に見せ、それを何倍かに拡大した出力をもつ装備にすぎなく、それほど危険なものでは

ないことを示すデモンストレーションになったと言ってよい。しかし、射程30km以上とされる中SAMと、未完成ではあるが、射程1,000〜2,000kmといわれるイージス・アショアではあまりにも能力と機能が違いすぎて、比較にならないと言われる。

レーダーの照射の方向と角度

レーダーの運用の方法の説明は、当初のころと現在とではあまりにも異なる。

防衛省の2018年8月の第2回説明会資料の30頁では、イージス・システムのレーダーについて説明しており、「イージス艦には指向性の高いレーダーが搭載されており、<u>弾道ミサイル防衛の任務に就いている際は、弾道ミサイルが飛来する方向に範囲を限定してレーダー波を照射し、弾道ミサイルの探知、追尾から迎撃ミサイルの誘導までを実施しており</u>、弾道ミサイルの迎撃のために全周に照射するようなことは行わない。」と傍線を引いてまで強調している。そして、同じ頁の末尾に「イージス・アショアのレーダーの運用方法は検討しているが、メインビームを地表（人）に向けて照射することのないように設計・運用する」と、四角の枠で囲んで強調している。しかし、8月18日の住民説明会では、参加者から確認の質問がなされ、これに対して防衛省から「ミサイルが演習場の後ろ（内

陸)に飛べば東側に照射することは当然あり得る」(秋田魁新報、2018年8月19日)と答えた。

　そして、2019年5月の説明資料になると、レーダーの地表への照射と全周照射をにおわせてくる。同資料の71頁には、「イージス・アショアは、弾道ミサイルの発射をより遠くで探知するため、日本海の海上・水平方向付近にレーダー電波を照射します。⇒メインビームが地表に当たることはありません。」と書かれている。

　たしかに、平成30年6月の防衛省説明資料には、「人の存在する地表に向けてレーダーを照射することはありません。」と書かれていた。そして、筆者が傍聴した6月14日の秋田市議会全員協議会においては、議員からレーダーは全方位かと問われ、「ミサイル監視のため、4面組み合わせで360度の運用する。上空に照射するものである。」と答えていた。これが、8月の説明では、地表に向けたり、全周には照射しないと説明資料に記述しながら、東側にも照射すると口頭説明した。このような矛盾を正しもしないで、2019年5月に至っては、先述のように日本海の海上・水平方向付近に照射すると言うようになるとともに、不適地の仰角について説明をする。いよいよ、レーダーの照射についての本音があらわれてくる。

　不適地の仰角については、防衛省のデータのデタラ

メさを強く印象づけ、信頼を失ったと言ってもよいが、なぜ日本海のような西側だけでなく、北側、東側、南側の仰角も計算するようになったのだろうか。この点については、報道機関や県民・市民から疑問をもたれたことはなかった。ところが、それはあらゆる方向へ追尾することを意図したものであろう。2019年6月19日付の秋田魁新報の読者の声の欄「声の十字路」でも投稿者が言っているように、新屋を適地にするため、代替地についてそれらの方向の山を障害物にし、不適地にしたとも考えられるが、追尾のためには方角は関係がないということである。

　また、15度を基準にしているのは、この角度よりは低く照射しないと説明しようとしているためであるが、少し疑問が残る。説明資料の25頁に「民間旅客機への影響」について記載している図の「通常のレーダー照射時における影響範囲」の角度が10度になっている。この10度は、山口で説明している10度の仰角とどのような関係にあるのだろうか。むつみ演習場の場合、西台に当たらないように照射するためには、10度を超えなければならない。こういうものとの整合性をはかろうとしたものとも考えられるが、明らかに異なる角度であり矛盾する。要するに、角度はどうにでもなる基準のような感じすらしてくる。

　このように、追尾のための照射を考えると、秋田の

上空を超えて岩手方面の太平洋側まで追尾するとなれば、かなり地表に近いところにも照射する可能性がある。そうなれば、秋田市の東側までもメインビームやそのサイドローブの影響を受けることになるのではないか（北側や南側の地域も同様であろう）。秋田市の東側には、標高1,170mの太平山があり、どれだけ地表に近いところまで照射するかは闇のなかであるが、大平山の仰角が明らかに10度未満だとしても、レーダー照射をさえぎるものとなる可能性もある。新屋を適地にするために、他の調査地と異なった扱いとしたならば、ここでも作為性・意図性を読み取ることができる。

　このようにレーダー照射の方向と角度については、当初と現在とでは矛盾があり、ここにも真実が隠されているように思わざるをえない。きょくたんな言い方をすれば、仰角という概念をもちだしたのは、新屋やむつみを適地にするための便法であったのではないかと考えてしまう。

　以上のように、レーダーの照射の方向と角度については、筆者は大きな懸念をもっている。さらに、疑心暗鬼になっているのは、電磁波の被曝が弾頭ミサイルを捕捉するときの一時的なものではなく、定常的になるのではないかということである。レーダーが待機中であっても何らかの電磁波が出ていると思われるし、

これについての説明もない。また、有事のときのみ強力な電磁波を出そうとしても、装置の故障がまったく生じないとは限らないから、点検として定期的に全周・水平近くに試運転の照射をするに違いない。この点については、これまでの説明会では防衛省側から一切説明がなかった。参加者から質問がないときは、筆者は質問しようと用意していたときもあるが、質問者があまりにも多く機会に与れなかった。

電磁波の人体への影響

　電磁波の危険性については、研究もだいぶ進んできてはいるようであるが、今後ともさらに研究を加速させ、早急に健康への悪影響を及ぼさない基準を確立し、法的な強制力をもって規制していく必要が急務とされている。

　私たちの身のまわりには、電磁波が飛びかっているといわれる。それだけ、情報通信や交通、科学技術、医療などの世界において多く電磁波が用いられ、私たちの生活は大変便利なものになっている。このように便利さを追い求めるあまり、人体や環境の被害を忘れがちである。ところが、ガンその他の病気の原因や遺伝子への影響については、疫学研究においても電磁波の危険性が証明されつつある。先にも紹介した荻野氏の論文や著書はその一例である。それでも、このよう

な研究はまだ不足していることは否定できない。被害を心配する側にとっては、ここで萎縮してはならならず、力を入れて取りくんでいく必要がある。

　防衛省は、電磁波の調査の結果、人体には影響がないと主張する。2019年5月の調査報告書11頁では、人体への影響について、「演習場の敷地境界（住宅地側）における電波の強さは、基準値を下回り、住宅地や学校では更に低い値です。」、さらに「実際の運用よりもはるかに厳しく、理論上最も厳しい条件（探知のためのレーダー波を全周、水平近くで照射する場合）の下においても、電波防護指針の基準値を下回っています。」と記述している。ここに記している数値は、すべて机上計算値である。アメリカ政府から提供された数値をもとに計算したら、こうなったというものである。図3のように11頁では、日本海側に「通常のレーダー照射の方向（イメージ）」として、メインビームを照射している図が描かれているので、このときのサイドローブの電磁波の数値が記されていると受け取ってしまいそうになる。

　しかし、カッコ書きのように、メインビームを全周に照射したときのサイドローブの電磁波の強さを記したということである。メインビームの直撃を受けた場合は、このような小さな数値にはならないはずであるので、サイドローブの数値であることに間違いない。

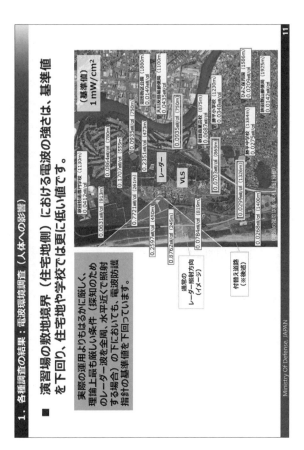

図3:「秋田県・秋田市ご説明用（5月27日）イージス・アショアの配備ついて―各種調査の結果と防衛省の検討結果について―」令和元年5月、防衛省、p.11.（防衛省ホームページ https://www.mod.go.jp/aegis-ashore）

しかし、日本海側のみに照射したときなのか、全周に照射したときなのかが、依然としてまだよくわからない。じつにまぎらわしく、人によっては欺かれてしまうと思ってしまう。こうなれば、住宅地側にも明らかにメインビームを照射することを、十分想定していることにならないのか。私たちにとっては、アメリカからのデータ自体が真実なのかを知りたくても、確認しようがないのである。

　防衛省がもちだすのは、安全とされる総務省の電波防護指針の基準 $1mW/cm^2$ である。アメリカからのデータにもとづく机上計算値がその範囲内になるのか、それとも範囲内に収まるように数値を操作したのか、これらも確かめようがない。そのような基準が、荻野氏の指摘するように、WHO（世界保健機構）の見解とは対立する問題に満ちた基準であり、防衛省は意図的に利用している疑いすらある（荻野、2019、pp.166-167.）。このように、根拠のあいまいな基準については、権力をもつ者は自らの行動の正当化に用いてはならないはずだが、なりふりかまわず強行する。民間の側からそのような主張をするならば、一蹴されてしまうのが必然である。

　国家権力とは反対の弱い立場の人びとにとっては、このようなときに何ができるのであろうか。それは、「予防原則」の主張である。この原則についての定義はさ

まざまであるが、比較的わかりやすい表現をするとすれば、次のようになるだろう。

すなわち、「科学的に不確実性が大きな場合のリスクに対応するための原則であり、危険性が十分証明されていなくても引き起こされる結果が取り返しのつかなくなるような場合に、予防的処置として対応する考え方である。」(荻野、2019、p.171.) あるいは、「原因と結果の因果関係が科学的に十分証明されていなくても、政府に対してなんらかの対応を求める。」(畠山、2013、p.62.)

これは、環境問題において基本的な原則とされるようになった。国際的にみても、放射線や電磁波を予防原則の対象にする流れとなっている。電磁波については、5G技術やイージス・アショアで使われるようなアンテナによる照射の問題を危惧する世界の科学者たちが、警告の声をあげている（荻野、2019、pp.171-172.）。

この電磁波の健康被害に対応するためには、法的な手段も考えられないわけではない。すでに環境法の分野では、この予防原則に立って環境紛争を解決しようと訴訟が起こされている例もある。裁判規範として用いられていくならば、やがては環境法を超えて、法規範として一般的な通用性が明らかになる可能性もあるだろう。すなわち、予防原則の法の解釈や立法におけ

る普遍的な適用が可能かもしれない。

　科学的に証明されていないから安全だという論法は、これまで国家行政のさまざまな領域で用いられてきたが、かつての公害や薬害、原子力利用等々に見られるように、国民の生命や健康、安全を守るうえでは何一つ役に立たなかったことが明らかであろう。権力をもつがゆえに強行できた政策は、後に必ず破綻することをよく示している。反対に、権力をもたざる人びとは、予防原則を盾にして自らを守っていく必要がある。

電磁波の医療機器等への影響

　調査報告書では、ペース・メーカー、補聴器、在宅医療機器、病院の医療機器、その他の医療施設の医療機器、電子機器、他の無線施設、それぞれへの影響について、ISO（国際標準化機構）規格やJIS（日本工業）規格から基準値を算出したうえで、検討している。このなかで基準値を超える場所については、電波吸収体を設置することで影響を及ぼさないと結論づけている。また、建物の壁があることにより電磁波が減衰するので、ITU（国際電気通信連合）の計算式にもとづいて計算し、影響のあるなしを判断している。

　防衛省は、このような机上計算によってレーダーの電磁波が影響しないことを証明しようとしているが、その他の医療施設の医療機器と電子機器については、

建物の壁による減衰を考慮しても、基準値を上回ることを認めている。ところが、これに対する回答は、レーダーとの間のしゃへい（地形）、電波吸収体の効果により作動に影響はありません、と断定している（防衛省、令和元年5月、pp.19-21.）。どのようなしゃへいがあり、どのように電波吸収体を設置するかに言及していないのだから、無責任ではないだろうか。日常の生活におけるこれらの機器の重要性を考えると、影響は重大である。

　他の無線施設として、放送局の固定局、携帯電話基地局などがあげられている。これらとは異なる周波数を使用するので、干渉しないと断定しているが、全周にメインビームを照射することになれば、その強力な電磁波がまったく影響を及ぼさないとは考えにくい。新屋の大森山には秋田県内各放送局の電波塔が立っているのである。

電磁波の航空機・ドクターヘリ等への影響

　現時点では、基地が住宅密集地にあまりにも近く、反対の声が大きいが、配備候補地として明らかになった当初は、秋田空港離発着の旅客機やドクターヘリの運航が妨げられるのではないかとの心配が大きかった。

　調査結果は、レーダーから一定の距離をとるなら、影響がないとのことである。しかし、これも「通常の

レーダーの照射」の場合に、航空路と干渉しないということである。報告書の25頁の図のように10度で照射した場合にこのようなるのであって、探知・追尾のためにこれよりも角度を大きくして照射することもあり、しかも全周に照射するとなれば、運航には大きな影響がでることは十分想定されることではないだろうか。

　ドクターヘリ、防災ヘリ等については、27頁でレーダーからの距離を最大2,475mと計算し、「緊急ヘリ等が当該圏内を飛行する場合に、運航に影響を与えないよう具体的措置が必要です。」と言う。この具体的措置については、77頁で言及しているが、「今後、連絡調整の手続きを定めることとし、関係者の皆様と調整させていただきます。」と言うだけなのである。この文章の下に調整の流れを図示しているが、これがまたよく意味のわからない構図となっている。私たちの日常生活圏に後から乗り込んできて、これらの緊急ヘリの飛行にあたって、逆にレーダーの停波をお願いしなければならないとすれば、本末転倒もはなはだしいと言わなければならない。

その他への影響

　その他の航空機、農畜産物等への影響についても、報告書は言及している。最近は、民生用のドローンな

どの飛行が増えているようであるが、これらの飛行が規制されるおそれは十分考えられる。また、レーダーの電波は、29頁で「農作物などの植物や、家畜などの動物に影響を与えません。」と断定している。先にあげた荻野論文などを見る限りでは、そうではないことがわかるであろう。わが国の電波防護指針の基準値 $1mW/cm^2$ の範囲内であれば、安全と信じて疑わない。自らの計画に都合のよい「安全神話」に頼り切っているとしか思えない。

第3章

防衛省はどのような態度にでたか

防衛省が2019年6月9日の住民説明会で配った5月27日付の調査報告書（2019年12月筆者撮影）

説明時期の意図的遅延？

　防衛政務官が県庁を訪れ、知事・市長に説明したのは、2018年6月1日である。閣議決定が2017年12月19日だから、半年近くなってからである。

　閣議決定では、配備先が明らかにされず、3月28日の政府予算の成立時も配備先が示されなかったとされる。都道府県や市町村の予算であれば、このような形での予算成立はありえない。国会の予算審議のあり方にも問題があるかもしれないし、そうではなくても政権及び与党の強権的な多数決主義であれば、結論ありきで容易に予算が成立することも十分ありうる。

　であれば、予算が成立しないから説明できないということではない。アメリカの国防権限法の成立にはじまり、米議会公聴会での議論、防衛大臣の米軍の最新鋭ミサイル迎撃システムの視察、自民党のイージス・アショア導入の提言のまとめ、日米安全保障協議委員会での説明（秋田魁新報取材班、2019、p.287.）などの動きをみると、防衛省内部では現地調査をふまえて配備先が決定済みであり、閣議決定はたんに確認の意味しかもたないと思わざるをえない。行政、とくに防衛分野の秘密主義の必然的な帰結か、あるいは、公表が早ければ地元の反対運動が起きてしまうのでそれを避けたのではないか、のいずれかと考えられる。

　このような行政の進め方こそが人びとの不信を買う

ものであるが、筆者には真の意図はもっとべつのところにあると思われる。それは、日米軍事同盟のもとに防衛省が沖縄をはじめとする基地問題について、国民を犠牲にしてきたこととも関連がある。期限や限界のギリギリのところまで情報を公開しないで、後戻りができない時点になってから、残された時間はもうないと一方的に宣言して強行する手法を用いてきた、と分析できるのではないか。筆者は、今回もまったく同様の手法をとったと見ている、

　6月に来県してはじめて明らかにし、夏には最適候補地として調査をするというのであるから、当初の配備計画の2023年に合わせて既定路線を突き進むという言い分である。これに対して、知事と市長が「新屋ありき」で承服できないとしたのは、中道より右寄りの政治家たちであっても、住民の気持ちを考えるならば、当然の反発であった。知事は、定例の記者会見で「安上がりに進めようというのが見え見えで、人をばかにした話だ。」(秋田魁新報2018年6月19日)とまで言い切っている。

　以上のような防衛省の手法は、うまくいったためしはない。日米地位協定にもとづく在日米軍とのからみもあるが、基地問題に限らず全国いたるところでトラブルになっているのは、そのあらわれであろう。一方的に決めたことを、一方的に推し進めるこの行政分野

は、この後さまざまなほころびが目につくようになる。

高圧的な計画進行

　たった1回の形式的な説明で地元の理解がまったくないまま、なぜ適地であることを前提に調査するのかの議論が入り口にとどまっている段階で、候補地の地質測量の委託調査の一般競争入札の公告をおこなった。このような強引さに、当然、知事と市長が不快感をあらわにしたことは、広く報道された。

　計画強行に対する地元の反発と知事による適地調査の延期の求めに応じて、地質測量調査を延期することになる。その後、住民説明会を経て、8月末に電波にかんする環境影響調査の一般競争入札を公告する。けっきょく、地質測量調査と電波環境影響調査が並行して秋からスタートし、3月末で終了予定であったが、追加調査が必要となって5月まで延期されることになった。

　このような経緯からも、新屋ありきで適地調査が進められていったことは、間違いのない事実である。知事や市長は、何度か他の国有地を対象とした候補地の再検討を求めたり、地元の理解がないままに配備計画を強行することのないよう、防衛省に申し入れをおこなっている。こうしたなかにあっても、委託した調査は止まることなく進められていく。一見して強引に進

められているようではないが、新屋が適地であることを前提にした調査が進められたことに変わりはない。これを称して強行といわないで、どのように言うのであろうか。

　このような強硬姿勢は、6月に調査報告書のデータの誤りがわかり、職員の居眠りが批判されてからも同じであった。知事や県議会が原点に返って候補地の選定を再検討すべきであると主張するようになる。これに対し、防衛大臣が来県し、ずさんな調査を謝罪して再調査を約束することに追い込まれる。また、7月の参議院選挙で配備反対の「民意」ともいうべき野党統一候補が当選した。これで、真に反省し、白紙状態にもどって再調査すると思いきや、防衛大臣は新屋が適地であることに変わりはないと発言したことが報道され、さらに反発を買うことになる。8月末になり、防衛省が再調査の概要を県と市に説明したが、青森と山形の調査は「予備的な位置づけ」と説明した。これに対して、知事はどこまでも「新屋ありき」で「全然ゼロベースではない。力でねじ伏せようとしている。」と批判した（秋田魁新報2019年9月3日）。こうなれば、沖縄の民意に反して埋め立てを強行する辺野古新基地建設と何らかわりはない。

　その後、2020年3月を期限とした再調査は10月に開始したが、再調査は新屋ありきではなく、調査後

にすべての候補地をゼロベースで考えていくとの新防衛大臣の発言や、知事と官房長官との会談において明らかにされたように、官房長官が住宅地との距離も考慮するよう防衛省に指示したとの話が伝えられている。

　これで安心できるであろうか。これはプロセスにすぎない。現在の政権の体質から考えて、これがすべて地元住民にとって望ましい方向に進むとは限らない。一時的な気やすめでなければよいが。

説明会をどのように開催したか

　防衛省は、政治問題であるから、説明対象の重要性の順位を知事と市長、県議会と市議会、住民としている。だから、説明会もこの順番を厳格に守っておこなう。説明に用いる資料は、公平性の観点から当然、いずれを対象としても同じものである。

　民主政治においては、公開主義が原則である。このため、知事・市長への説明から報道機関が取材し、内容が報道される。断片的な内容ではあるが、これを知ったうえで、議員や住民は説明を受けることになる。これも報道されるから、住民は内容をさらに知ったうえで、説明会に臨むことになる。

　この意味から、報道機関の役割は重要である。報道機関のスタンスはさまざまであるが、これまでも防衛省の公開した事柄は、事実として正確に伝えられ、歪

曲されたものは見あたらない。

　しかし、防衛の分野は、国民にとってもっともわかりにくい。何が軍事機密で何がそうではないのかの判断がすべて、防衛大臣をはじめ防衛官僚の手のうちにあるからである。防衛省の説明は、このような軍事機密と称されるものを明らかにしないし、参加者の疑問にまともに答えることもしないので、回を重ねても理解が深まるということもない。住民をはじめ人びとが自らの安全や生命・生活のために知りたいことが秘密にされるので、ますます不安になる。

　住民は、県議会や市議会では傍聴者の立場であるが、住民説明会となると直接の対象となる。防衛省は、住民のなかにはどのような知識をもった人が混じっているかはわからないので、首長や議員に対する説明と同様に、周到な準備をして失態を演じないように心がけていると思われる。住民説明会は、政治家たちに対する説明がその都度1回だけであるのに比べて、複数回開催されることが多い。

　防衛省は当初、住民に対する説明会は地区限定でおこなった。これに対し、市長はじめ多くの人びとが不満を述べたので、次回からは考え方を変えたようである。配備候補地の勝平地区で開いたり、県民・市民全体が参加しやすいように、秋田市の中心部で開くなどの配慮をおこなった。逆に言えば、県民・市民の疑義

をただすエネルギーの分散化をはかっているようにも感じられる。また、回数をこなすことによって、理解の深まりはともかく、政権のよく言う「丁寧な」説明をしたことの言い訳にもできる。いわゆる「アリバイづくり」である。

　これまでの沖縄の基地問題に見るように、防衛省は誤りや失敗、対応のまずさなどが批判・非難されるたびに、「地元の理解」「丁寧な説明」という慣用句をつくりだし、まるで「空念仏」のように唱えて、時間が経てば最大限の努力をしたと正当化して強行してきた。それを秋田と山口でもくり返してやろうとしている。

説明会の進め方
　行政機関の説明は、一般にわかりにくいというのが評判である。学校の授業であれば、今は大学であっても、できるだけわかりやすいように工夫しておこなわれる。これとは、真逆である。専門用語を使い、できるだけわかりにくく、わからなければそれでもよいと言わんばかりのように進められる。すなわち、最初に防衛省審議官か東北防衛局長のあいさつにはじまり、防衛省戦略企画課長が資料にもとづいて、いわゆる「官僚的説明」をし、その後に参加者の質問に「官僚的答弁」をする。この課長が中心に答えるが、細かい特殊技術的なことはそれぞれの担当が答える形でおこなわ

れる。

　説明は、官僚的という形容詞がつくように、資料の頁をめくりながら、感情をまじえず冷静にたんたんと進められる。官僚による国会や地方議会での説明や答弁をよく見聞するように、抽象的漠然の答弁に終始し、相手がわからなくてもよいからとにかくその場を通りすごすやり方である。これが、いわゆる役人の習性である。わからなければ、相手の無能のせいにすればよい。このようなことがよく行われる世界である。

　ところが、自分の人生がかかっている住民にとっては、これではすまない。疑問に思っていることに、真実にもとづいて正確に答えてほしい。だから、いつも説明会は時間切れとなってしまう。防衛省は、これを待っているかのごとくである。

　説明資料は、最近のものでは、100頁余りもある。これを約1時間かけて説明したうえで、残り多くて約1時間30分が質疑応答の時間となる。いつも、会場借用の時間がきたので終了しますという宣言となる。このため、参加者はいつも消化不良に終わってしまう。防衛省はわかってもらいたいという気持ちをもっているのかどうか、疑問に思ってしまう。

　説明会では、資料の内容はわかっているので説明は不要であるとの意見もでるが、はじめて参加した人もいるので、丁寧に説明するという名目で進められてい

く。たしかに、ふだんなじみのない防衛分野の用語は、一義的に明瞭ではない。何回聞いてもわからないくらいである。このように、難解な事項がその場ではじめて資料としてだされ、ただちに理解し質問してみろと要求すること自体がおかしい。資料に記載されている説明文や数字は、防衛分野の専門家が何か月もかけて十分検討したものであり、そう簡単には矛盾があったり、根拠が崩れるようなことはないはずである（仰角のデータが大きな問題になったように、このようなデータでも間違いはあるものだが）。だから、よく報道されるように、防衛省と住民の議論がかみ合わないのも当然のことである。

　どうも、防衛省のシナリオは、ひととおり説明してあまり問題点や矛盾点を指摘されず、データの根拠について深く追及されないで、説明会が時間切れに終わるなら、説明に十分時間をかけたとして、計画どおりに強行するこれまでのやり方を貫くことであったと思われる。そのため、これまでの説明会をふりかえってもわかるように、まだ多くの人の手があがっているのに、時間がきたからと質問を打ち切るのは当然のごとくおこなわれた。また、専門知識があり、問題点について鋭く質問をするような人を把握していて、質問の手があがっても指名しないことも多くなってきた。つまり、説明会を自らの思いのままに、操作しようとい

う意図も明らかになってきた。これでは、防衛省の思いどおりの説明会になってしまうとの危機感が強くなった。

電磁波問題の専門家の人選

　防衛省は、電波環境調査に入る前の 2018 年 10 月 22 日夜に、住民説明会を開いた。適地調査の説明に先だって、レーダーの電磁波の人体への影響が、住民の間で目に見えない恐怖となっていることを察して、電磁波にくわしいとされる専門家による講演をおこなった。この専門家は、「電磁界情報センター」の大久保千代次所長である。

　国の政策にかかわって審議会や専門家会議などが設けられ、また国が訴訟の一方となる裁判において鑑定や証言がおこなわれる場合がある。このとき、国から依頼されるのは、国にとって有利な提言や証言などをおこなう専門家であることを、私たちは経験則として知っている。露骨に国を擁護しないまでも、中立を装って、結果的には国に有利にはからう人が多い。

　大久保所長については、東北防衛局長が中立の立場からわかりやすく説明すると講師紹介した。しかし、電波防護指針の基準の科学性を説明するため依頼に応じたとして、第 2 章「あまりに多い疑問点」でも述べたように、必ずしも問題がないとは言えない電波防

護指針を擁護し、基準値内であればレーダー基地の敷地外では人の健康への影響はないと推定されると述べ、電磁波の非熱的な影響は科学的に立証されていないと断言した。先に紹介した荻野氏のように、国内外の先進的研究をできるだけフォローしたうえで、その危険性を予測する姿勢とは真っ向から対立するものである。これでは、科学的に証明されていないから安全だと言う、防衛省の論理そのものではないだろうか。

　それにしても、科学者は中立であるという命題は、成立するであろうか。仮に科学そのものは価値中立だとしても、科学の方法はそれぞれの科学者の立場により異なり、政治や行政の世界からの要請に応じるかどうかも政治的な判断が不可欠であり、中立を理由に関与を避けるのも政治的判断の帰結と言えるのではないか。この点から、いくら第三者委員会による検討とか検証といっても、客観的であるとか、中立が担保されることにはならないだろう。

データミスへの対応

　国会での追及から逃れるため、容易に公文書の改ざんや廃棄がおこなわれる。また、臆面もなく「証拠がないから、自分の言うことが真実である。」と言いはる。これらがまかりとおってしまうのが、強権的とも言える今日の日本の政治状況である。

このようなこともあり、筆者は、防衛省のだしてくるデータには、当初から疑いをもっていた。なにしろ、「新屋ありき」の様子をみなぎらせて、説明に奔走する姿が見えたからである。説明に用いられる調査報告書を見ても、民間の業者に委託して調査した結果についても、どのようなデータが提出され、それをどのような基準にもとづいて解釈・評価したかのプロセスには一切ふれることはない。また、それ以外のデータについても、住民の側が検証する手段をもち合わせていないことをよいことに、新屋を適地にするために何かを操作してまとめているような気がして、不信感をぬぐい去ることができなかったのは、筆者だけではあるまい。

　このような予感が見事に的中したのが、調査報告書のデータミスであった。秋田魁新報のスクープが大いに評価されていることは、周知のとおりである。このようなミスは、膨大な行政文書のなかにはないことでもないと思われるが、レーダーの電磁波のデータ自体が秘密のベールに包まれ、外からでは真実を確認しようもないところに、地元の新聞社が県民・市民に代わって、仰角のデータの誤りを突きつけてくれたのである。

　この仰角の問題については、それまで防衛省が首長や議員、住民への説明の際には口にださなかったものである。適地調査の報告書に記載しなければならない

ほどの重要な問題を隠していたことになる。ほかにも、この最終段階の報告書に追加するようになった重要な問題もある。

　秋田魁新報のスクープした仰角問題は「アリの一穴」にすぎないが、報道機関がおこなったことの意義は大きい。これが他のデータや事柄への疑問となって、傷口は大きく広がることになる。行政にとっては、このような明らかなミスを指摘されることは痛手である。どんな細かいことにも人数をかけて作業し、二重三重にチェックを入れて完璧を期すのがこの世界であり、権威は大きく失われたと思ったのであろう。

　実際にも、防衛大臣は6月14日の定例の記者会見で、「新屋演習場が適地であることの考え方に変わりはない」（朝日新聞全国版、2019年6月15日）との言葉を残しつつも、報告書の誤りについては深く謝罪をした。そして、すばやく17日には秋田県を訪れ、知事と市長に低頭平身に謝罪した。

　7月の参議院選挙の際には、異例ともいえるように、総理大臣と官房長官がそれぞれ2度、自民党候補者の選挙応援に訪れ、演説のなかで謝罪の言葉を述べている。たんに事務手続きのミスであったのか、それとも意図的に操作した結果なのかは、いずれわかってくるだろうが、ビジネス・ライクのような行政上の作業がこれほど大きな政治問題になろうとは、誰も予

想しなかったことである。よく考えてみると、政治上の課題を実現するための一環として、官僚がいわゆる「忖度(そんたく)」をした可能性も捨てきれない。

　このような状況変化は、秋田の世論はもちろん、全国の世論も新屋への配備は無理であるとの方向に流れかけたように見えた。しかし、防衛大臣の新屋が適地であるとの言葉は生き続けていた。まもなく、調査ミスを受けて「イージス・アショア整備推進本部」を立ち上げ、新たに体制を整えることとなる。そして、この設置要綱にもとづいて、お得意の専門家会議を設置する。

　参議院選の際に応援演説をした総理大臣の口からも、「イージス配備がどうしても必要であり、第三者や専門家を入れて、徹底的に調査をしていく」と述べられた（朝日新聞、2019 年 7 月 17 日）。これは、政府、防衛省のおこなう調査が正しいものであり、新屋への配備が適正であることを証明してみせるという決意の言葉であると、筆者はとらえる。過去の公害や原発の問題など、政府の調査にもとづく施策は間違っているものも多くある。

　このような意味で、専門家を入れた調査であれば、正しく調査がおこなわれるとは言えない。しかし、専門家会議は、初会合は 10 月 30 日に開催され、今後、土木や電波などの分野で意見を聴取し、技術的な助言

をえることになるという。この専門家は、公表されており、いずれも国公立大学の教授か名誉教授である。水理、電磁波の人体への影響、土木建築、それぞれの専門家のようであるが、巨大なミサイル基地建設にかんするプロジェクトのわりには、専門家数の不足の感が否めない。人選の基準も示されておらず、防衛省の恣意性を排除できない。少なくとも、それぞれの分野で複数でなければ、その人の立場で重要事項が決められるおそれがある。その立場も、これまでの政権のやり方をふり返るならば、政権の政策に親和的であろう。それが、防衛省の言う第三者による客観的な検証というのであれば、結論は見えているのと同じである。

ときには住民のも懐柔(かいじゅう)も？

　行政機関は、一般に、重要な施策を実施するときは、奇妙な動きをするときがある。防衛省も例外ではない。2018年6月の市議会全員協議会では、来県した防衛省幹部が保守系議員の一部を訪問したことが問題視された。市議会に対する説明の前に、しかも一部の議員のみにこのような行為をおこなうことは、予断や偏見を抱かせるという批判がなされた。これに対して、防衛省は、たんに日頃お世話になっている議員へのあいさつ回りであると回答した。このとき、すでに保守系議員をたよりにするという意識があったのかも

しれない。

　7月には、自衛隊秋田地方協力本部に東北防衛局の「秋田連絡調整事務所」を置いている。イージス・ショアにかんする地元調整をおこなうためとされる。「県や市などとの連絡調整や、今後開催を予定する住民説明会の手配が主な業務。」（秋田魁新報、2018年7月4日）とされている。しかし、本当のねらいは、防衛省の他の部門と連携しながら、地元住民の動向の把握、反対運動の組織的展開の状況の把握、関連するさまざまな情報の収集（報道機関の報道内容、市民団体・グループの発行する印刷物、本書のような出版物などの収集）などをふまえて、地元住民が受け入れの意識を形成するための対策を考案し、具体的措置を講ずることであると決めつけるのは、邪推だろうか。

　このような事務所を基点にして、防衛省は行動をスタートする。新屋勝平地区振興会を構成する16町内会で個別に説明会を開く要望をすることになる。しかし、これに対して、振興会は、地区としては反対で統一しているので、まとまった対応をすべきとして、要請を断った。これは、2019年6月8日のことである。たしかに、個別に説明を受け、反対するエネルギーが分散され、振興会としてのまとまりが次第に崩壊していくおそれがないとは言えない。

　しかし、これを予測していたのか、3日後には地区

の神社を会場にして、「勝平地区相談窓口」を設置した。レーダーの電磁波などの住民の不安や心配にかかわる質問に応じるとして、7日間開いたが、利用者の人数もごくわずかで、その後は開かれずに今日に至っている。

以上のような行動は、住民への懐柔の一つであろう。情報手段が発達した今日では、もはや通用しない方法であり、当然の結果であろう。今後、どのような策を講じてくるか、注意深く見ていく必要がある。

譲歩は見せかけ？

報告書のデータミスや説明会における職員の居眠り不祥事を受けて、知事や市長、県議会側から防衛省に対して、「ゼロベース」での再調査あるいは再検討が要請されるようになった。防衛省は、これに応える形で再調査を表明し、信頼の回復をはかろうとしているが、なおも「居直り」体質から抜けきってはいないように感じられる。というのは、地元の意向に配慮して再調査にふみ切ったように見せながら、新屋が「適地である」という言葉は依然として公式の場において撤回してはいないからである。

たしかに、再調査として測量の正確性を強調し、レーダーを照射する場合の遮蔽物との角度や電力・水道・道路などのインフラについて検討している。また、官

房長官から再調査にあたっては、住宅地との近さも考慮することを防衛省に指示したと伝えられたことを、知事は11月20日報道陣に語っている。新たな要素として検討しているようである。これらの動きから、新屋への配備の見直しがはじまったと、とらえるむきもあるようだが、果たしてそのように楽観できるのだろうか。

　これらの作業は、最初からおこなうべきことであり、今さらである。恥の上塗りをしているようにしか見えない。仰角の実測に示されるように、自らのミスを取り返すために、国民に財的負担を強いているのだから矛盾もはなはだしい。当初は、レーダーは日本海側に向けてのみ照射するから、電磁波の問題は生じないような説明をしておいて、いつのまにか全方位への照射を当然のように遮蔽物への仰角を調査している。しかも、何度以下では絶対に照射しないと言わず、あいまいなままにしている。10度以上で照射するような言い方になってきたのが、山口の例からわかる。このままでは、さらに低い角度で実際には照射することを考えているようにも邪推してしまう。現に調査報告書には、仮定だとしても「全方位水平方向」という言葉がでてきて、そのような匂いすら感じられる。このままだと、サイドローブの心配だけでなく、あらゆる方向でメインビームに直撃されることになりかねない。

いくら正確に確認してデータをそろえたとしても、データそのものから結論がでるわけではない。どのデータを重視して判断するかは立場によって異なり、ましてや総合的に判断することになると、恣意性が入り込むのを排除することはできない。いつもの枕言葉のように、「北朝鮮からいつミサイルが飛んでくるかはわからない」、「備えは怠ってはならない」から「可及的速やか」に配備するのが防衛省の立場であるので、「他に適地がなく、新屋演習場を引き続き適地として配備したいので、ご理解をお願いしたい」と言ってくるような悪夢を見なければよいと思う。

　現に、山口に対しては、「レーダーやミサイル発射装置との距離は230～250m離れれば安全だとし、むつみ演習場の場合は演習場内に収まるとした。住宅地との距離については、その3倍にあたる700㍍を確保するとしている。」（朝日新聞秋田版、2019年12月18日）と説明し、適地と伝達しているのである。新屋とて、むつみと同様に1平方km以上の平らな国有地であり、住宅地との距離は確保できるし、レーダーや発射装置との距離230～250mは確保できるのである。このように、明らかに矛盾した説明がどうどうとまかり通っている。秋田だけが、データのミスがあったので、除外するなどとは判断できないであろう。県の土地を取得し県道をつけかえなくても配備が可能で

あると、6月の県議会全員協議会では居直り説明をしていることからも裏づけられる。

とにかく、アメリカから提供されたという、1平方km以上の平らな土地の必要性の真偽、また、電波防護指針の$1mW/cm^2$の基準値内におさまるというレーダーの電磁波の強度を県民・市民が直接確認しようもないのだから、不安はいつまでも残り、信頼できないことには変わりがない。

このような意味でも、秋田にかんしては、譲歩しているようにも見える防衛省の態度は、見せかけのものかもしれない。

第 4 章

首長と議会はどう対応したか

防衛省への対応が注目される秋田県と秋田市
(上が県庁、下が市役所)(2019 年 12 月筆者撮影)

お互いに様子を見る

　首長と議会の関係はよく車の両輪にたとえられるが、実際には首長が実施しようとする政策を議会がチェックする形で、自治体運営が進められていく。このため、同じ政治家であるはずの首長と議員は、お互いに相手方の様子を見ながら、判断や決断をしていくことになる。

　この一例をあげる。知事の発言を受けて防衛省が県有地の取得を匂わせたことがあるが、このとき知事は県有地の売却となれば議会案件であると述べたことがある。これは、首長の判断だけでなく、議会の判断も必要であり、責任が分散されることを認識した発言である。これも、相手の動きを気にした態度の一つである。そして、深刻な政治問題ほど、このような様子見が慎重になることも、私たちは知っている。

　政治家は、公的責任を担い、公開の場で有権者に代わって意見を述べることが期待される。しかし、イージス・アショア問題は、突然、配備の話がもちあがったものである。防衛という国家の行政のなかでも、災害などの救援活動を除いては住民の日常生活とはなじみがなく、きわめて特殊で高度に専門的であり、厚い軍事機密のベールにおおわれて、真実や真相がどこにあるのかわからないような分野であることから、首長も議員もはじめは戸惑いがあったように見えた。このためか、お互いに相手方の言動をひどく気にしていた。

とくに、知事や市長の言動は大きな影響を与えるので、議員はこれらに注意を払い、議会での質問において首長の言動の真意をただすことも多い。一方、首長も、自らの言動が議会からどの程度の賛否がえられているかを確認することをとおして、解決の方向を探ることもできる。

　首長と議員の間の様子見がある一方、首長どうしのそれもある。知事は、2018年12月の県議会において、受け入れ可否の判断の前提として地元秋田市の意向の重要性を尊重すべきだと述べ、秋田市の反応を見ている。これに対して、市長は「一義的に市の判断」とのべ、自らの判断を表明すると明言し、その際には議会の判断を尊重するとも述べている（秋田魁新報、2018年12月8日）。このような市長の意向に対して、議員からは市議会に責任を押しつけられて困惑しているとの感想が述べられたが、これは、受け入れの可否について明言しない知事と市長に対する不満のあらわれでもあった（秋田魁新報、2018年12月13日）。以上のようなケースから、首長どうし、また首長と議員の関係をかいま見ることができる。

　知事は、保守系の候補者として自民党・公明党の支援をえて当選した。一方、市長は、中間派的な候補者として保守系から革新系まで広く支援を受けて当選した。県議会、市議会ともに自民・公明の保守系の議員

が過半数を占めている。しかし、新屋演習場への配備計画は非常にゆらいできていることも事実であるので、今後ともお互いに様子を見ることは重要度を増すものと思われる。これらの政治家がどのような状況変化で、どのようなタイミングで判断や決断をするのか、目が離せない。

防衛省説明時の公開・非公開

　防衛省が来県し、知事・市長、県議会・市議会に説明するときは、すべて報道関係者に公開され、取材活動が認められているが、これは民主主義国家においてはごく当然のことである。県民・市民は、報道をとおして防衛省の考え方を間接的に知るわけである。自らの生命や安全、日常の生活にかかわることについて、県民・市民が直接説明を受けることができるならば、配備の是非についてより身近に感じることができるはずであるが、それは物理的に不可能であり、間接民主主義の制度のもとでは仕方のないことであろう。

　それでも、一定の配慮がなされていることは、評価しなければならない。防衛省が県議会や市議会に説明するにあたっては、全員協議会の場が設定され、県民・市民にも公開されてきた。傍聴が許されるだけであるから質問などはできないが、議員は傍聴者がいることで自らを鼓舞することができるし、防衛省にとっては、

議員に対する説明や質問に対する応答を、住民説明会においても反古にすることができないのであるとの戒めにもなる。また、県民・市民は住民説明会に備えての予備知識もえられる。

知事はどう発言し動いたか

　知事の発言は、注目度が最大限である。県議会での質疑応答はもちろん、定例の記者会見があり、また来県しての防衛省による説明に対応する必要もある。そのたびに、大きく報道され、県民の目にさらされることとなる。その責任の重大さは、知事たる者の負う宿命のようなものである。

　筆者の立場では、県議会を傍聴した場合は知事の発言を生で聞くことができるが、それ以外の防衛省との直接的な交渉や定例の記者会見は一般には公開されないので、つまり報道をつうじて言動を知ることになる。

　知事の言動について、こと細かに記述することが本書の目的ではないし、記述してしまえば膨大な量になってしまう。そこで、全国紙が陸上イージスの配備候補地が秋田と山口であることを報じ、それを受けて地元紙が関連記事を連載し、またテレビ局がニュースで取りあげるようになってから今の時点までの、大きな変化を中心について述べることとする。

　知事の最初の反応は、海外出張中の地元の秋田魁新

報社の取材に対し、県内への配備について「県としては正式な話しを受けた上で対応する。」と文書でコメントしたことである（秋田魁新報、2017年11月12日）。その後、革新系政党の県委員会（連合）からの県内への配備の撤回を国に要請するようにとの文書による申し入れに対しても、ほぼ同様の返答をしている（朝日新聞、2017年11月16日）。これらの段階では、立場上このように返答になるのが一般であろう。

そして、県内の配備候補地が新屋演習場であることが明らかになると、地元紙の取材に対しては、国有地だから県からは何も言えないが、説明会などやって地元の理解を深め、進めてもらわないと困る（秋田魁新報、2017年11月17日）、というようなコメントをしている。この時点でも、この問題が県政の重要課題であるという認識はないように見える。その後も、国から一切話はなく、なぜ秋田なのかもわからないという態度であった。

しかし、2018年2月の記者会見では、自身の防衛観を述べるようになる。すなわち、わが国にイージス・アショアの配備は必要と考えるが、配備地の住民は当然不安になるので、これを解消すべく、政府はしっかり取りくまなければならないと言うようになる。保守層をバックに当選した知事であるから、このような考えを抱いても政治思想としてはおかしくはないのだが、

政府の責任を主張するだけで、自らが住民を守るという態度はまだ見られない。

　この年の6月になって、防衛政務官が来県し、最適候補地として調査に入りたいとの説明直後の記者会見では、自身は「新屋ありき」を感じていることを告白している。そして、「住民が全ての疑問を科学的に網羅してぶつけるのは困難。住民に代わって防衛省の説明を検証するのが役割だ。疑問があれば再度ただし、回答内容を市民、県民に明らかにしていく」（秋田魁新報、2018年6月5日）とさえ述べている。この点は、本書があとでくわしく論じるように、市民的専門性を鍵概念としていることから、すこぶる興味のある発言である。防衛行政の専門性と市民的専門性は対置できるが、県行政をどのように位置づけるかどうかは課題である。

　行政は市民の安全や生活を守るのが当然の使命であり、願ってもないことであるが、その後の知事の発言と行動には、県行政の取りくみの成果なのか、知事個人の専門的知識と考えにもとづくものかは、よくわからない面があると感じた。

　知事の定例記者会見については、報道各社が取材するほか、You Tubeのライブ配信をしている。イージス・アショア問題はよく質問され、知事の見解が述べられる。そのために、その時点での考えをまとめてお

く必要がある。知事は会見のたびに不信感をあらわにし、協力的な態度をとれないとしている。測量地質調査の一般競争入札の広告に対しても不快感を示し、防衛大臣が来県しての会談後にも地元感情を軽視していると発言している。

　知事は、防衛大臣の来県の際に、秋田市とともに質問状を手渡し、なぜ新屋か速やかな回答を求めた。そして、約1か月後の防衛省の説明に対し、住宅地に近いのに「最適候補地」とは地元感情を無視していると反論した。これが調査の延期につながる。このあたりから、知事はすべての国有地で適地調査をすべきことを主張するようになる。

　一方、このように主張しながら、テロなどに備えて、保安距離として「『最低でも700㍍、できれば1㌖欲しい』と強調。」(秋田魁新報、2018年8月29日) していた。これが、2019年5月の調査報告書における県有地を取得しての、保安距離の確保につながっているようだ。これは、防衛省による知事への忖度と皮肉られている。

　このように、知事は、新屋への配備を前提にしながら、不明確な説明をくり返す防衛省の姿勢を批判し、住宅密集地への近さと住民の不安から配備を否定するが、条件が整った場所であれば配備を容認する立場であるため、他の適地を探すことに加担してしまうこと

にならないだろうか。これは、知事の政治思想のあらわれであり、たんに政治技術的なものではない。

県議会において、野党議員の「政治生命を懸けて国と対峙してほしい。知事の覚悟を聞きたい」と求められ、「この程度のことで政治生命とかおおげさなことは考えていない」と話した（秋田魁新報、2018年10月3日）が、後日の会見では自身の性格が出てしまったと反省し、結果を出せなければ政治家として意味がない（同、10月5日）、と弁解している。ここに、対決を重視する革新系政治家と保守系政治家の違いを見てとれるが、政府との対決姿勢は保持されていると感じることができる。

知事は、防衛省による説明の際には、極力、秋田市長をともなって説明を受けている。また、防衛省に申し入れをおこなうにあたっても、連携に配慮し、ともに出向くことが多い。このようなことは、一方が保守系政治家で他方が革新系政治家であれば、果たして実現できただろうか。県民、市民の意向をふまえ、2019年3月には防衛省を訪れ、地元理解がないままに強行しないようにとの申し入れ書を提出している。

知事の対応が大きく変化するのは、2019年6月の調査報告書のデータの誤りと職員の居眠りが批判されてからである。県議会において、防衛省の姿勢に苦言を呈し、話は振り出しに戻ったと述べ、国への不信感

をあらわにした。そして、防衛省による謝罪後には、秋田が非常に軽く見られており、今後厳しく対処していくということが報道されている。

　このような批判的な発言を見ると、反対する市民運動の立場では、知事は配備反対の意思表示をしてもおかしくないかもしれない。ところが、そうではないようだ。たしかに、知事は防衛省への不満をあらわにするが、一方では自身の意思を表明しようとはしない。このような外にあらわれる知事の態度から、心の奥底を見ぬくことはすこぶる困難である。

　県議会において、野党議員から県として住民の意向調査によって判断することを求められても、それほど単純な問題ではないと否定し、国に抵抗するような積極的な姿勢もみられない。これらの県議会での答弁や報道からとらえられる知事の姿勢は、政府との対立を避けたい心情のあらわれではないかと推測する人も多い。

　自ら自衛隊に理解を示している首長であると公言し、知事選における政権与党の全面的支援を受けてきたことへの義理もあるとすれば、国にたてつくことは、保守政治家としての地位と同時に、政治生命をも失うことになると考えているのではないか。山口阿武町の町長は、自民党員であっても、住民の安全と町づくりの方針を第一に考えて、2018年9月に反対を明確に表明している。たしかに、知事と町長の立場は異なるが、

どちらを重視して決断するかの違いにすぎないと、筆者は考える。

 しかしこのように、すべて政治家のスタンスの問題に還元できないところに、新屋配備の問題の難しさと佐竹知事の特異性があるのではないか。知事は、2019年6月の最後の記者会見で、防衛省は地元の不安を解消することを少しもしていないという認識を示し、大臣が来県してずさんな調査を謝罪しながら、後日の国会の委員会で新屋演習場が適地であることに変わりがないと述べたことを、地元の感情を逆なでするものと批判した。また、「秋田が貧乏県だからいいだろうと馬鹿にされているような気がする。プライドの問題だ」と厳しく批判した（朝日新聞秋田版、2019年6月28日）。それでいて、7月の参議院議員選挙では、落選した自民党公認候補を応援すると公言し実行している。批判もされたし、言動が矛盾しているようにも見えるが、これが知事の特異なところではないだろうか。

 参院選後には、知事の姿勢はやや一貫しているようにも見える。選挙の敗因は、イージス・アショア問題であると分析し、地元紙の世論調査結果の反対60％に対して、記者会見では県民の意見として評価している。8月に防衛省の高官が再調査の説明において、県外の候補地の再調査を「予備的な位置づけ」としたこ

とに対し、記者会見では、新屋ありきで全然ゼロベースでの調査ではなく、防衛大臣が秋田と山口への配備がもっとも適切であると述べていることを考えると、「力でねじ伏せようと感じる」(朝日新聞秋田版2019年9月3日)と批判した。

　その後の定例県議会でも新屋への配備計画は振り出しにもどったと認識しており、防衛省の今後の動きを慎重に見きわめると表明し、再調査の結果が示されるころには県としての意見を明確にする必要を強調した。このように、県議会での表明のかたわら、実際に官邸に出向いて官房長官に要望をおこなっている。これがどのように働いたかは定かではないが、官房長官がゼロベースで再調査をするにあたっては、住宅地との距離も考慮するよう指示したと報道されている。そして、政府内で新屋配備の見直し論が浮上している情報について、県として確認していないが、「常識的に正しい判断」と述べた(朝日新聞、2019年12月12日)。知事は、新屋配備については否定的に考えるようになっており、年が明けてから秋田市と合同で防衛大臣に面会して、新屋は非常に無理があると伝えることも表明している。

市長はどう発言し動いたか

　県知事に比べると、地元の秋田市長の言動は、注目

される度合いが低いように思われる。それは、知事よりも発言が慎重であることも若干影響しているかもしれないが、基本的には報道関係者を含めて人びとの国と地方自治体の関係構造についての認識に左右されているのではないか。このような関係構造については、制度論的にも追究することが課題であると考えるが、現実には、地方自治体よりも国が、自治体の間では市町村よりも都道府県が優位にあり、それぞれ前者を後者が包括しているように機能している。また、国の機関である防衛省は、明確に表明することはもちろんないが、市長よりも知事の発言の大きさを重視しているようにも、筆者には感じられる。

　防衛省は、ことあるごとに県庁と市役所の双方を訪れる。市長が県庁に出向いて知事とともに説明を受けるが、逆の場合はまずない。同じ説明をともに受ける場合と、個々に受ける場合があるが、同じ説明に対しても、質問することは異なり、受けとり方も異なる。当然、説明を受けた後のコメントも異なる。

　これまでの質問やコメントをきめ細かく分析・検討しないで、決めつけることは批判されるかもしれない。知事は、防衛にかんする専門的な知識をもっているようで、そうとうふみ込んだ発言をし、後で反省の弁を述べたりもするが、市長の物言いは、慎重そのものという印象を受ける。知事は保守を自認するのに対して、

市長は自己の立ち位置を公言しようとはしない。政治的立場は、保守から中間までのスタンスと思われる。

市長の言動についても、市議会の本会議を傍聴すると直接知ることができるが、それ以外は報道をとおして知るほかはない。報道機関にもさまざまな立場があるが、反対運動を参与観察する筆者の立場では、報道機関は事実を正確に伝えていると思われるので、市長の言動についてもそのような新聞やテレビなどの報道で確認することとなる。

イージス・アショア問題にかんする市長の発言は、知事よりは遅くなった。配備候補地は、当初、秋田県内であることの情報が寄せられたが、具体的な候補地が秋田市新屋であるという情報はまだなかったからである。しかし、それが明らかになってから最初の記者会見は、知事と市長が同日であった。双方とも、まだ国から話はなく、なぜ秋田なのか説明してほしいという程度のコメントであった。この後の市長の言動は、定例の記者会見と市議会をとおして明らかになっていく。

防衛省として、公式に知事と市長に説明してからの定例記者会見では、入札の公告前に住民説明会がなされないと信頼関係が失われる、また調査を進める前に現地を確認し、内部で十分検討したのか疑義が残る、と述べている（秋田魁新報、2018年6月5日）。続

く市議会でも、防衛省から明確な回答がないため、住民が不安を抱く要因になっているので、科学的データや警備のあり方を示してもらいたいと述べている。知事とは微妙に異なる発言である。むしろ、知事よりも落ち着いた表現のように感じられる。住民説明会が終わって4日目、しかも防衛大臣が来県する前日に入札公告をおこなったことに、知事は「不愉快」という言葉で非難したのに対し、市長は「性急すぎる。」とコメントしたと報じられている。

　こうしていながら、若干の変化を見せたときもある。8月に防衛省幹部が理解を求めて来秋したときは、知事と市長は別々の面会であったが、知事とは少し異なる主張をしている。すなわち、知事が国有地の調査に限定しがちであるのに対し、新屋が不適であったら別の国有地を探すのでなく、民有地も視野に入れて調査することを要請したと報道された。市長は、2018年10月に防衛省の調査内容の説明の際にも、民有地を含めた調査を求めている。しかし、防衛省の応じない姿勢にとくに抵抗を示してはいない。

　市長は、知事のように軍事にくわしいことを自認することはない。しかし、レーダーの健康被害にかかわる電波環境調査については、机上計算であることに不満をもらし、実際に電波を発する調査を要請したが、これを受け入れない防衛省の態度に対し、独自に専門

家による検討委員会を設けて調査結果を検証する考えを示した（朝日新聞秋田版、2018年10月20日）。市長は発言が慎重であり、後日になって以前の発言を再確認することがある。2019年1月の定例記者会見では、防衛省の調査結果を検証するため、専門委員会を設置し、電磁波の影響や警備体制、旅客機の運航やテレビ視聴への影響などを精査するとしている（秋田魁新報、2019年1月12日）。しかし、これはいまだ実現していない。

　また、知事にすべて同調するわけではない。むしろ、反論も展開している。防衛副大臣との面会では、知事の仮に条件がクリアされて配備容認となっても経済的補償が必要と発言したことに対し、配備への賛成と受け取られかねないので、慎重であるべきと釘を刺し、「住民目線」に立ち強行しないよう要請した。それでいて、知事と共同歩調を取ることはやぶさかではない。知事とともに防衛省を訪れて、地元理解のまま配備を強行しないよう申し入れている。

　このような言動に見られるように、市長の慎重姿勢は変わらない。防衛省のデータミスが明らかになる前の6月の定例記者会では、市長としての可否の判断をするには、2～3年かかるのではないかとも述べている。これに対しては、地元町内会の振興会が新屋への配備はダメだという判断を早めにほしいと要望して

いる。

　市長は、軍事に精通していると自負する知事とは異なり、市としての検証委員会を市職員から構成する内部組織として設けている。この委員会でわからないことは専門家の知見を求めるとしている。しかし、筆者自身は、この委員会が果たして機能するかは、少し疑問視していた。

　そして、データミスで防衛省批判が激しくなるとともに、大臣が謝罪に訪れたときには、適地調査は振り出しにもどった、今の時点でも配備できると言うのでは「ひらきなおり」にも聞こえると述べている（朝日新聞、2019年6月18日）。

　振り出しにもどったという市長の認識は、8月になって来訪した防衛省幹部に対しても、新屋を含めて国有地の再調査ではなく、候補地の選定をゼロベースでおこなうことの主張につながるが、新屋以外は予備的な調査であるという説明には、知事ほどの大きな反発はしていない。また、このような認識は、議会において防衛省の候補地選定の見通しが甘かったと改めて批判することにもなる。この時点で、調査が長引くことになるうえに、その専門性が高まるという理由で、市の検証委員会の廃止を宣言する。

　市長は相変わらず慎重な姿勢を示しているが、配備反対の方向に舵を切るような動きがあった。これは、

市長が新屋の住民にはじめて、イージス・アショアについて言及したものである。敬老の日に勝平地区敬老会であいさつし、賛否は示さなかったが、この問題にふれた。出席者からは、「よくふれた」と「来るのが遅すぎた」の両評価があったという（秋田魁新報、2019年9月17日）。

しかし、市長が発言したことは事実としても、このようにとらえることは適切ではないかもしれない。なぜならば、市議会では、勝平地区振興会が市長に対して住民と直接語る機会を求める要望書を提出しているが、その意思があるか問われ、意見交換の考えはないと答えているからである。

それでもなおかつ、筆者の立場では、反対表明への期待が高まる。12月議会になると、官房長官の防衛省に対する住宅地との距離を考慮するようにとの指示や、新防衛大臣のゼロベースでの検討の発言などをふまえて、常識的には新屋が除外されるだろうとの思いを述べた。さらに、防衛省が県有地を取得する場合に市の意見が求められるが、そのときは同意できないと回答することになると表明したとの報道がなされた。これについては、市長はイージス・アショアに同意できないという姿勢をより強くしている（ABS秋田放送エブリー、2019年12月5日）、との報道機関のコメントが付された。

このように見てくると、市長は反対の意思を固めつつあるのかなと思ってしまうが、これまでの経験則から政治家は一筋縄ではいかない場合が多いわけであり、まだ観察眼を鋭くしている必要があるだろう。

今後どのような行動をとるのか？

　知事、市長ともに、それぞれの言動から見て、まだ賛否の意思を固めていないことは明らかである。知事はこれまでの発言のように、防衛省による調査結果が公表され、県として検証したうえで賛否を表明すると予想される。これに対し、市長は判断に2、3年かかるような発言もあったので、知事よりも遅れると思ってしまうが、それだと歩調が合わない。両者とも市の判断が一義的で、県は基本的にはそれを超えて判断しないとしている。このとおりだとすれば、県の判断は、市の判断の時期に左右されることになる。

　そうなれば、県議会の与党議員と市議会の保守系議員と同じことになってしまう。防衛省の調査結果がでていないからである。この調査結果がどのようなものになるかは、さまざまな予想がされている。反対する市民運動にとっては、最悪の結果がでるかもしれない。楽観的な期待は禁物である。筆者なりにも予想ができている。いかなる結果が出ようとも、運動はこの先ずっと続いていくであろう。

知事と市長は、最悪の結果にならないように、現在の地元住民をはじめ、秋田市民、さらに秋田県民の意向にそう形で、再調査にも影響を与えるべく、防衛省に出向いて申し入れをおこなうことになっている。その時期は年を越して、1月を希望しているという。
　政府内でも、「陸上イージス秋田見直し論」が浮上していることがわかっている。しかしながら、知事と市長は明確に反対しているわけではなく、民意を伝えているだけである。つまり、住民の理解をえることは非常に難しいこと、住民が納得せずに反発しているという事実を語っているにすぎないので、力が十分にこもっていない。知事、市長それぞれの意思決定がともなうことによって、はじめて政府の愚策を阻止する力になるのであると、希望的観測を述べることができる。

県・市議会は請願・陳情をどう扱ったか

　秋田県議会と秋田市議会に対しては、各市民団体や個人からイージス・アショアの配備について撤回または反対する決議をするよう、請願や陳情が提出された。これらは、2017年12月議会からだされた。2019年12月には、地元の新屋勝平地区町内会振興会（勝平地区16町内会の連合会）からもだされるに至る。しかし、4月の選挙を目前にした3月議会で県議会は廃案、市議会は不採択となった。6月県議会と市議会

に改めて提出されて以来、2019年12月議会までに3度の議会の審議を経たが、秋田県議会、秋田市議会ともに3度連続で継続審査となった。まるで歩調を合わせたような行動である。ともに、党派や会派の構成は国の政権与党の自民党・公明党系議員が過半数を占めており、十分な討論がないままに可否の採決をするならば、結論は目に見えている。

　県議会議員、市議会議員ともに、防衛省の動き、知事・市長の発言や動き、反対運動の動き、地元住民の動きなどを、テレビや新聞、ネットなどで知っている。このほか、直接に県民、市民、地元住民、あるいは市民団体などと交流することをとおして反対する人びとのみならず、「隠れ賛成」の人びと（公に賛成の声をあげる人びとは、現時点では見あたらないようであるが）の意見を聴いている。そのうえで、党派・会派内で情報・意見の交換をしていて、議会にのぞむにあたってもすでに意思が決まっているかのようである。このため、賛否の相反する党派・会派の間では、お互いに議論することはほとんど見られない。最初から採決ありきで、委員会にしても、本会議にしてもほとんど形式的な儀式と化してしまっている。もっとも、県議会では総括質疑の委員会が開催されるので、そこでは委員と知事・県当局との間の質疑応答がおこなわれ、県側のイージス・アショアについての見解が述べられる

こともあり、議会と首長との議論の様子がわかる。

形式主義的な市議会

　筆者は、2019年12月に秋田市議会と秋田県議会の委員会と本会議を傍聴したが、あまりの形式主義に閉口した。12月11日の秋田市議会総務委員会では、請願・陳情については一括討論の後に採決がおこなわれた。はじめに、「秋田さきがけ」の報道（防衛省は、新屋への配備については、見直しのための調査に着手するという記事）に関連して、秋田市から防衛省への事実確認の結果が報告された。その内容は、ゼロベースで公平に見直しをするために現在検討中であり、新屋配備を断念したものではないということであった。

　続いて、継続審査にする立場から自民系の会派と公明党から意見が述べられた。住宅密集地に近い場所への配備について住民の理解をえるのは難しいことはわかるが、現在防衛省がゼロベースで調査中であり、結果がでるのが3月であるから、しっかりと調査した結果を提示してもらったうえで議論すべきであり、今は良し悪しを判断する材料がない、というのが継続の理由である。

　ここでいうゼロベースという言葉自体が、不可思議である。白紙の状態でということであろうが、要するに、まったく予断や偏見なしに原点からスタートする

ということである。これまで、新屋を配備「適地」にするために東北の日本海側の国有地を不利にするデータをそろえてきたのだから、すべてについて新屋と同じような調査をするということは、時間と経費の面でも３月までは難しい。しかし、調査の結果、新屋も含めて、これらの国有地が適地からはずれることも十分ありうるのが、ゼロベースというものであろう。

さらに言えば、民有地の適地を買収するとか、イージス・アショアを国内に配備すべきかどうか検討し直すというなら、ゼロベースにふさわしいであろう。そうでない限り、ゼロベースとは、政権の常とう手段である時間をかせいで強行するやり方に利用されてしまう。

ところが、この言葉に安心しきってしまう人びとは、判断を先送りにすることができるだけでなく、先にひかえている何か不合理なものが見えていないかのように感じられる。仮に、防衛省が再調査の結果、データに間違いはないと主張し、新屋以外の適地がないとふんばれば、これらの人びとは、短絡的に北朝鮮の脅威に一刻の猶予もなく、国防のためにはやむをえないと決議して、配備を容認し、軍拡路線に手を貸す可能性は十分に考えられる。

市議会では、継続審査に賛成の保守系議員に対して、中間系・革新系議員はもちろん反対である。つまり、請願・陳情を採択することに賛成の立場である。

これらの議員は、7月の参議院選挙では、イージス・アショア配備反対を争点にして選挙戦をたたかって勝利した。
　委員会では、4市議がそれぞれの立場から継続審査に反対の意見を述べた。いくら調査しても、配備予定地は住宅密集地に近く、住民の不安は消えることがない。配備反対の声は、全県的にも広まっている。ゼロベースで見直しをすると言っているが、新屋配備が完全に撤回されたのではない。地元の声を受けとめて採択するべきである。3度も継続審査とするならば、地元を失望させてしまい、議会が民意に応えられないこととなる。知事・市長が防衛大臣に申し入れすることになっているが、議会の採択をもって面会できるようにするべきである。
　以上のような意見陳述の後に採択がおこなわれ、可否同数であったが、委員長の継続審査への賛成で請願・陳情は不採択となった。委員長は、いまだ不透明であり、なるべく早い段階で方向性を明らかにしたいという、これまでの保守派のきまりきった論理を述べていた。
　委員会での審議結果は、本会議に報告され最終的な決議がなされる。本会議も多数決で決議がなされるが、これも党派・会派の構成ではじめから結論が決まっているようなものである。よほどの造反者がない限り、

予定どおりにことが進む。冒頭に、継続審査に反対する立場から、2人の議員が反対の討論をおこなった。

中間派の議員は、次のように述べる。すなわち、防衛省は再調査をしており、結果は20年3月まで待たなければならない。レーダーは地球上でまだ運用実績のない未完成のものであり、中SAMのレーダーの電磁波の実測はおこなったものの、はるかに電力が弱く捕捉距離も短いものである。また、サイドローブは、さまざまな機器に影響を及ぼす。防衛省の説明はもはや信頼できない。いくら調査しても、近くに住宅密集地があることに変わりはない。市民は続審査に怒っている。採択すべきであると。この議員は、前歴からも電磁波にくわしかった。

また、革新系の議員は、次のように討論をおこない、継続審査に反対した。新屋への配備計画が明らかになってから2年が経過した。この間、防衛省や議員の調査がおこなわれてきたが、すべて継続審査となってきた。このような判断のできない議会に市民は怒っている。わが国は民主主義国家であり、国の外交や防衛に市民が意見する権利があるのだから、配備反対の市民の意向にそって決議すべきである。他の市町村の半数以上が配備反対の請願を採択している。一人ひとりの議員の態度が問われている。

これに対して、賛成派の義員から賛成のための討論

はなく、形どおりに採決がおこなわれた。議長を除いて、賛成19人、反対16人で継続審査が決まった。

県議会も形式主義
　県議会は、全県をエリアにしているだけに、市議会と比べるならばその活動力が大きいことに気づかされた。それは、イージス・アショアの新屋演習場への配備計画が明らかになってから、海外の既設の基地を視察し、県民、市民に報告したことにもあらわれている。基地の面積があまりにも広いため新屋とは比較できなかっただけでなく、予備的な知識にも乏しいうえに、軍事機密の厚いベールに覆われて、判断するに十分なデータや資料はえられなかったと言ってもよい。
　筆者も2018年12月13日の公開された報告会には参加したが、民家からだいぶ離れて、しかも広大な基地面積から考えると、住民の攻撃された場合の安全面での心配は緩和されると想定される。しかし、レーダーがどのように具体的に運用され、電磁波が正確に測られているのかがまったく不明であったので、かえって不安を感じ、新屋配備をそく否定する材料にはなっても、新屋を適地と考えるような要素はまったく見あたらなかった。
　県議会は、自民党・公明党が与党であり、政府与党の路線のもとに判断し行動することが多いはずであ

る。実際にも、県政の課題解決はこの基盤のうえに遂行されている。しかし、すべての問題や課題が、与党と野党、保守と革新で、いつも明確に線引きできるとは限らない。

　イージス・アショア問題はこのようなカテゴリーに属すると思われるが、政府与党の意向にそえないほどに防衛省のずさん、でたらめな対応に業を煮やしたのか、やや野党よりに妥協的な態度をとることもある。2018年6月議会の野党との調整による「イージス・アショアに関し、国に丁寧な説明と地元理解を得るよう求める意見書」を採択し、さらに2019年6月議会では自民党提出の「候補地選定を『ゼロベースで再検討』するよう国に求める意見書案」を可決した。

　ところで、2019年12月県議会は、日程的には秋田市議会の後を追う形であった。イージス・アショア配備反対の請願・陳情については、総務企画委員会で審議された。最初に、野党議員3人が採択賛成の討論をおこなった。

　A議員は、主張する。予定地は住宅密集地に近すぎるうえ安全対策が示されていない。調査の見直しをすると言う官房長官の発言に示されるように、国でも新屋配備の問題性がわかってきた。県でも新屋は無理があると言うようになってきた。

　B議員は、次のように言う。県民の新屋配備への疑

問の声が大きいので、再調査の結果なしに国に反対の意思を伝えるべきである。県内の市町村議会の過半数が請願採択の決議をしている。知事も、政府の見直しをするという態度は常識的に正しいと言っている。知事は、防衛省に新屋は無理があることを伝える予定であるので、採決によって知事を支えるべきである。そうでないと、知事の本気度が伝わっていかない。

　C議員は、採択の理由を述べた。住民の言うように、いくら調査しても事実は変わらず、配備に対する不安は大きくなっており、県内25市町村議会の16議会が配備反対の請願を採択している。しかし、防衛省の態度は変わっていない。新屋は無理という知事の声が国に届くように、意見を明確にすべきである。

　これらに対し、与党議員は、新屋ありきから住宅地との近さなどを根拠に、ゼロベースで検討することとなり情勢が変化してきている。このように、国との対話ができているので、継続審査にすべきであると述べた。

　採択の結果、委員長を除き4対3で継続審査が決定した。市議会よりも保守系・公明党の議員の割合が大きいが、ほとんど同じ形式の審議であった。

　本会議は、翌日開催された。これまでは、反対の請願・陳情を採択すべきかどうかが審議の対象であったが、今議会では「イージス・アショア配備候補地の選定に当たり選定基準を明確にすることを求める意見書」

が提案され、この趣旨説明と採択がおこなわれた。提案者は野党のなかでも中間派の議員であり、次のように述べた。

　国に対しては、知事と官房長官との会談や知事の新屋は無理との発言ほか、与野党を超えてさまざまな働きかけをおこなってきた。山口では、先日、防衛省が適地であるとの説明をした。これに対し、山口の知事は、新屋が見直しとなると、山口も判断はその後になると発言した。このように、情勢は流動的になってきた。これまで、住民の安全を最優先に考えてきたが、住宅地からの700mの距離やデータの誤りなどの問題があっても進展は見られなかった。現在再調査中であるが、再決定の可能性もある。新屋から他の県内の候補地に移っても、あいまいな基準のままではけっして良い進め方にはならない。国との対話ができているとの話だが、山口への説明後にも秋田と山口は候補地になっているようだ。このように、きわめて不透明である。明確な基準が示されてはじめて、合理的・客観的な判断ができる。

　この提案に対しては、質疑がなかったが、2人の討論通告者があり、保守系の議員は、採択反対の立場から次のように意見を述べた。

　配備にあたって住民の安全確保が必要であるが、住宅地との距離が近いことに住民の不安は増しているこ

とに加えて、データの誤りなどの不適切な防衛省の対応があり、反対の声が強くなっている。以前に、ていねいに正確な説明を求める意見書や、住民の安全を最優先する意見書を採択した。一方、知事が官房長官に申し入れをするなど、県が国に働きかけをおこなった結果、住宅地との距離も含めゼロベースで再調査することを約束しているので、意見書のめざす方向は理解するが、防衛省は新屋でもできるとしている。住民の不安は、心理的要素が大きい。しかし、科学的根拠が示されているわけでないので、国にそれを求めるべきである。

このように述べた議員は、2017年6月の県議会総務企画委員会では、防衛省は住民感情などを考慮していないと指摘し、「住民は不安だ。住宅密集地への配備はやめてくれと県が表明していい」と主張していたという（秋田魁取材班、2019、p.51.）。これでは、あまりにも後退である。同じ議員の発言とはとうてい信じがたい。これに対しては、報道機関からはなんら矛盾が指摘されなかった。国の調査やデータは科学的根拠があるという前提に立っているので、たちが悪い。党派内の圧力がいよいよ強まっている証拠ではないだろうか。

これに対し、賛成の立場から革新系の議員は、電磁波は住宅地に向けないとの話であったが、住宅地にも

向けられることがわかってきたように、これまで正確な情報が知らされてこなかったし、新屋はまだ適地から除かれていないので、より正確に判断するために意見書のような明確な基準が示されることが必要であると反論した。

　しかし、いつもの形式主義で、採決の結果、意見書は否決された。最後に、配備反対の請願・陳情の委員会審査の結果が、一括して報告された。これらの継続審査に反対する立場の野党議員３人が、討論をおこなった。

　Ｄ議員：防衛省が見直しの方向で検討に入ったことについて、知事は、新屋は無理であるから常識的には政府の判断は正しいと言っている。知事を支えるために、請願・陳情は採択し決議をあげるべきである。新屋に配備する余地は少しでも残すべきではない。防衛省の常識は、私たちの常識と異なる。背後には米国がいる。県民の代表として考えてほしい。

　Ｅ議員：科学的な根拠が示されない限り、不安は消えることがない。３月に調査が終わることになっているが、政府は新屋に決めてくるにちがいない。２月、３月議会では方針が固まっているので、固まる前に県民の声を政府に届けるべきであり、議会としては今が事実上主体的に判断するチャンスである。議会は責任を放棄すべきではない。新屋やめろの声を政府が閉ざ

すのであれば、政府はどこの国民と対話する気なのか。8つの請願のうち振興会の請願だけでも可否の判断をしてほしい。

　F議員：今議会も継続審議とするならば、住民の思いを踏みにじることであり、住民は納得がいかない。参議院選挙の結果、地元紙を見ても県民の反対の声は強い。反対が過半数を大きく超えているにもかかわらず、採択しないことは住民自治と民主主義を無視し、県議会の役割を放棄するものだ。これまでも防衛省には反対という住民の声を届けてきたが、そのさいにも新屋に安全に配備できることは変わらないと言われた。新屋ははずれていないので、県議会として反対を明確にしないで判断を先延ばしにするのでは、県民の声を届けられないことになる。

　この採決においても、継続審査とする議員が過半数であった。委員会と同様の本会議の構成から、これも十分予想されることであった。数で最初から決まっており、まったく儀式的な議会である。

態度保留の議員は何を考えているのか？

　秋田県議会、秋田市議会はともに、2019年4月の議員の改選後は、配備反対の請願・陳情を3度連続して継続審査の扱いとした。反対運動へのアクション・リサーチの立場をとる筆者からは、そのような決

議をした与党議員あるいは保守系議員は次のように見えた。

　政党政治においては、地方議会の議員の党派は、必ずしも国政の党派と一致するものではない。しかし、イージス・アショア問題については、秋田の両議会の保守系会派は国政与党とほとんど同じ歩調をとっている。もちろん、政党政治であるから党議拘束なるものは否定できないが、それにしても世論や民意よりも党派の方針を優先させる態度は、いかがなものであろうか。

　彼ら（彼女ら）は、政党によって選ばれたのではなく、選挙民によって選ばれたのである。この選挙民の大勢は、配備に反対している。たしかに、特定の争点によってのみ選ばれたのではないとしても、イージス・アショア問題のような深刻かつ重要な争点については、各自の個々の支持者をまわって確認するくらいの努力が必要であろう。そのようなこともなく、上意下達の党派的権力に従うだけでは、選挙民に対して責任を果たしたとは言えないであろう。

　また、アクション・リサーチの立場で運動のなかにいると、反対の県民、市民に寄り添う議員たちはそれらの人びとや専門家と交流しながら学習し、あるいは独自に学習し、防衛省の姿勢や誤りを批判しながら、反対運動の推進力ともなっていることに気づく。これに反し、党派的権力に従っているだけにしか見えない

議員たちは、ほとんど学習していないように思えるから、新たな発見や思考もできず、ただひたすら上からの指示を待っているようにしか見えない。議員にとってもっとも大切なのは、弱者や困っている人びとに寄り添い、個人の良心と良識にもとづいて主体的に判断し行動することだと思う。これさえも認識・理解できないのであれば、次の選挙において党本部より応援をえて勝利することの自己利益しか、見えていないことを表明するに等しい。

　与党議員あるいは保守系議員は、「調査結果が出ていないので」「判断はできない」あるいは「判断する材料がない」という。この問題が明らかになってからすでに２年が過ぎた。この間、防衛省の説明、報道機関の報道、知事・市長の言動、議会での議論、その他さまざまな言論・出版物などをとおして、いくらでも学ぶ機会はあったはずである。判断材料が十分すぎるほどであると思われるが、どうだろうか。市民は、すでに配備反対と判断している。これでは、市民よりも判断能力が劣るとは言えないか。

　調査している防衛省は、新屋に配備したくて調査をしている当事者である。目的をもった当事者が相手の有利になる調査結果を出すと信じているとすれば、勉強不足であり、感覚の鈍さをさらけだすことである。これまでの政府の基地建設の進め方の強引さや、民主

主義の基本とも言える公文書の廃棄などに見るように、民意などはかえりみられず、欺瞞の政治がくりかえされているような民主主義の劣化状況で、誰でもが公平・公正に判断できる調査結果が出てくること自体が驚くべきことではないか。言い過ぎの感はあるが、市民を代弁して述べる。

　政府与党だから、行政府のおこなうことを全面的に認める前提に立つのではなく、行政府を監視・統制するのが国会や地方議会の本来的な任務ではないか。現状を見ると、行政府の監視・統制ではなく、行政府の下請け機関になりさがっているようにも感じられる。これでは、本末転倒である。このような状況を続けている限り、防衛省の応援団の役目を果たしていると、市民は見てしまう。批判ばかりで申し訳ないが、そう言わざるをえない。

第 5 章

反対運動はいかに展開されたか

県民署名準備会による署名活動 (2019 年 12 月筆者撮影)

地元町内会・住民の会の動き

　住民にとっては、戦艦としてのイージス鑑は海上にあって、敵の攻撃にミサイルその他の兵器で対戦するというイメージであった。およそ、日常の生活では想像すらしなかったものであり、仮に戦争のような事態に陥ったとしても、ただちには身近に危害が及ぶことはないと思うのがふつうであろう。ところが、陸上のイージスは固定されているため、敵からその位置を把握され、攻撃の危険につねにさらされる。住民はそのような危険と半永久的に隣り合わせになるので、日常の生活は一変する。日本をめぐる国際情勢が100％急変しないという確証がえられない限り、住民は毎日、大きな不安を抱えながら生活しなければならなくなる。

　このような事態が現実のものとなるかもしれないのに、地元の住民が黙っているわけがない。民主主義の国とされ、教育制度が整い、世界的にみても教育水準が高いと評価されており、知識・教養を身につけているわが国の国民が、政府の口車にそのまま乗るはずがない。当然、何らかの行動が起こる。普遍的な基本的人権の言論表現の自由が、憲法で保障されているのである。

　配備候補地の新屋演習場に隣接する勝平地区には、16の町内会がある。これらの町内会と各種団体によって構成されているのが、「新屋勝平地区振興会」であ

る。2020年には創立50周年を迎える予定であるが、これまで地域の振興のために、道路や水道などのインフラの整備を中心にまちづくりに貢献してきた。この振興会の役員の1人は、地区の振興のためには秋田市をはじめとする行政に重要な働きかけをするときは、地区選出の議員を通じておこなうこともあったが、そのような議員は党派があり、それに応じて町内会長の向く方向が決まってきた、と筆者のインタビューに答えてくれた。そのほうが、要望を実現してもらいやすいということであろう。しかし、今回の問題については、保守系議員は態度を明確にしていない。

イージス・アショアの配備候補地であることが明らかになってから、もっとも早く反応したのは、高等学校や小学校のある町内会であった。この地区は、演習場とはもっとも近い場所で300mである。いずれの学校も、1km以内の距離にある。もちろん、この範囲内に住宅もある。しかしながら、町内会として独自に自発的に何か行動を起こしたかどうかについては、あまり表面化していない。

今となれば、これら町内会の人びとの自発性・自主性はどうでもいいことになるが、地元の人たちの自主的な学習活動が現在の反対運動の発端となったのであれば、生涯学習の観点でも評価されるべきことである。しかし、こうした重大かつ深刻な問題に、外部から何

もアプローチがないとは考えにくい。すでに明らかになっているように、2017年12月に平和運動にたずさわってきた人びとによる働きかけがおこなわれ、反対運動をどのように展開していくのかの議論の前に、まずは学習会を開くことになった。

　手はじめの学習会は、2018年2月の元陸上自衛隊員によるイージス・アショアにかんする勉強会であった。次が、電磁波の専門家が講師の勉強会であった。その後、さまざまな市民団体や市民グループによる学習や講演会が開催され、地元住民も参加していくこととなった。これらの学習をとおして、電磁波の健康被害や有事の際の被害を中心に知識が深まり、住民の反対への意識が高まっていく。

　こうしたなかで、振興会として行動を開始する。同年5月には、「イージス・アショア配備問題にかかわる要望書」を秋田市長に提出した。続いて、参加者が制限された6月の第1回目の住民説明会に参加できなかった町内会や各種団体の役員に住民を加えて、意見交換会をおこない、その内容をまとめて文書にし、各町内会長と各種団体の長あてに配布した。そして、7月には振興会の臨時理事会を開き、住宅密集地にイージス・アショアを配備することに反対する決議をおこなった。くわしい情報がまだなく、十分な議論がおこなわれていない町内会もあり、一部の町内会が態度を

保留するなかで、住宅密集地への配備反対を確認するに至ったのである。

　町内会関係の団体が反対の決議をしたことには、大きな意味がある。筆者は、肝心の地元の町内会が明確に反対の意思表示をなかなかしないことに、ある種の焦りを感じていた。反対運動はまわりが騒いでいるだけであると喧伝されるのでは、運動の力がそがれてしまうという懸念があったからである。

　町内会関係の団体は、地域の自治組織であり、メンバーの考え方や立場は当然さまざまである。それゆえ、合意形成に至るには難しい面があると思っていただけに、時間はあまりかからずに決着したと言える。それだけ、日常の生活圏にすぐ隣接してミサイル軍事基地が設けられることによって生ずる影響について、住民の想像力が正常に働いたのであり、不安がどこまでも解消できないのは健常であることのあらわれである。このような住民を批判・非難する理由はまったくなく、「よくやってくれた」である。これによって、反対の市民運動の核ができあがったと言える。

　このような合意形成がなされたので、8月には「イージス・アショアの新屋配備計画の撤回を求める要望書」を、知事と市長あてに提出した。この内容は、県と市が国に対して配備計画を撤回する立場をとるように求めたものである。知事と市長は、年度末の3月下旬

に防衛省を訪問し、地元の理解なしに配備を強行しないように求める申し入れ書を提出したが、これとの関連性は定かではない。

　また、12月には秋田市議会に配備計画撤回の決議を求める請願を提出した。議会への請願は、これがはじめてである。結果的には、継続審査となり、これを受けて2月に議員全員に公開質問状を出して回答を求めた。2019年3月議会では不採択となり、4月の市議会議員選挙を迎えることになる。請願は6月県議会にも提出したが、9月、12月において継続審査となっており、いまだ請願活動は功を奏していない。

　さらには、反対決議への賛同町内会を増やし、配備を阻止する力を拡大することを意図して、周辺地区の振興会へ働きかけることをおこなった。しかし、隣接の新屋地区、その隣接の浜田地区、下浜地区の振興会は、反対でまとまることができなかった。そのため、振興会ではなく、町内会へのアプローチを試みることになった。その結果、新屋地区の南東約3kmの新屋大川町内会、南約3kmの新屋関町後町内会が8月に臨時総会を開き、配備反対の決議をした。

　もちろん、このような働きかけは、周辺の振興会や町内会だけではまだ不足である。秋田市内に広く呼びかけをおこないたい。町内会を把握している行政に情報を求めても、個人情報の保護や守秘義務の関係で情

報提供には困難がともなう。振興会の役員の一人は、それでも努力する必要があるという意志のもとに、茨島、卸町、川尻、八橋、土崎などの地区内の町内会にアプローチを試みているということを明らかにした。

　このような首長への要望や市議会への請願活動、他町内会への賛同要請などと並行して、8月には子育て世代の意見を聞くための意見交換会も企画し、実施している。同世代は強い不安をいだいており、さらに関心を高めるために今後もおこなうことにしている。このような活動は、自民党が自衛隊に対する理解を広めていくために、今後は女性をターゲットにしていくという情報にふれて、振興会としても女性を大切にすることが重要であるということを意識したから実施できたのである。これは、インタビューに応じてくれた役員の見解でもある。

　以上のように、地元の振興会として活動が継続できていることの裏には、個人での学びはもちろん、仲間との学び合いの成果があるのではないか。その役員は、はっきりと断言はできないが、今後とも学習を続けていくことが運動の推進の力になるのではないかと話していた。振興会全体での学習会は2回と少なかったが、それがまた各町内会での学習への刺激となっているのではないかとも評価していた。「おかしいと思っても認めてしまうのではなく、小さな声をあげ続けていく

ことで、動きがでてきて大きくなっていくのではないか。」とも述べた。

　新屋勝平地区振興会による決議は、だいぶ早い段階から、周辺地区の町内会振興会の反対決議を促していた。隣接の新屋地区をはさんだ豊岩地区振興会は、すでに2018年10月に決議をしている。また、だいぶ距離をおいた秋田市内の町内会でも同調するようになる。4月には、配備候補地から東約4kmの秋田市中心街の大町柳町町内会が反対の決議をおこない、北東約5kmの保戸野金砂町東部会が反対の決議をした。この両町内会は、新屋勝平地区のメンバーとのつながりがあったので、総会の開催時期のタイミングをうまく合わせることができたという。

　保戸野金砂町東部会は、決議にもとづいて知事と市長あてに配備反対の意見書を提出した。そのなかで、知事や市長による状況説明と、直接住民と意見交換する機会を設けることを求めた。遠く離れた町内であるが、積極的な行動には感心する。この町内会では、できるだけ多く決議をあげ、運動を広める必要があるという考えで、保戸野地区町内会連合会総会で各町内会にも議論することを求めた。

　町内会の役員は、筆者のインタビューに対し、「これからはすそ野を広げる運動が必要である。とくに、若い人たちの関心が深まらないようなので、これらを

ターゲットにがんばっていかなければならない。また、さらに県民、市民から関心をもってもらうために、新聞には強力な取材活動をお願いしたいものだ。」と話してくれた。なお、この役員は、署名活動にも積極的に取りくんでいる。

全県的な反対する会の結成

　秋田魁新報取材班著『イージス・アショアを追う』の「関連年表」を見ると、日本への配備の布石は、すでに 2015 年に打たれているようである。2017 年 11 月 11 日付の読売新聞で、秋田と山口が配備候補地であると報道されてからも、政府からは何の連絡もなかった。2018 年 6 月 1 日に福田防衛政務官が秋田県庁を訪れ、知事と市長に新屋演習場を「最適候補地」として調査したいと説明し協力を求めた。

　読売の報道以来、半年以上も経ってから、新屋が明らかにされたのである。早い段階で明らかにすると、早くから県民の反対運動が起こってしまい、それをおさえるためにエネルギーを費やすことになるうえに、芽が大きくなってからではそれが摘みがたくなることを考えて、ギリギリの段階で公表したのではなかったのか。

　行政、なかでも防衛行政の手法は、称賛されるよりは批判されることが多かった。新屋を候補地にするこ

とは、だいぶ前に決まっていたのではないだろうか。勝手な想像であるが、「関連年表」には、2017年1月に稲田防衛大臣がグアムの米軍の最新鋭迎撃ミサイルシステムを視察しているので、およそこのころから全国の候補地を探りはじめ、3月には男鹿市で弾道ミサイル避難訓練を実施していることにかんがみると、すでに航空自衛隊加茂分屯基地を意識すると同時に、新屋の現地調査を開始している可能性もある。そして、読売の報道では陸自が運用へとなっているので、防衛省内部では新屋が決定済みであったと推測できるのではないだろうか。

　行政は、国民や住民の福祉のためにあると受けとめる人びとは多いと思われるが、実は国民や住民にとっては、都合の悪いことも推し進める面があることを経験としてわかっている。とくに、防衛行政は国民・住民の意見が分かれる分野であり、防衛機密、軍事機密がまといつき、安全保障という魔法の言葉がひんぱんに使われ、真実が知らされないままに基地建設や兵器の整備が進められていくおそれがある。このような防衛にかかわる歴史的現実を、国民・住民はよく知っている。

　ここで、少し寄り道をする。「安全保障＝軍事」という誤解を解消したいからである。烏賀陽 (2019) は、「国際安全保障政策は『経済』（通商、金融、食糧、エ

ネルギーなど)『外交』(国連など国際機関を含む)『情報』『メディア』(インターネット、テレビなど)を包括的に網羅しています。様々なジャンルを統合した『総合政策』なのです。軍事はあくまでもその1ジャンルにすぎません。だからこそ軍事だけから安全保障を考えるのは誤りであり、時には危険ですらあります。」(p.138.)と述べている。そして、次のように言う。

　すなわち、何のセキュリティを守るのかとして、具体的なゴールを設定しなければならない。それは、今日では「国民のセキュリティを守る」ことであり、「守るべき国益」でもある。国民のセキュリティはエネルギーと食料のセキュリティが保たれるなら、手段は軍事でなくてもいいことになる。このため、政情不安定にならないように、経済援助や外交努力、文化交流などの選択肢が考えられる。「つまり『軍事』という選択肢は、たとえ使ったとしても最後の最後の『奥の手』になります。」(p.150.)

　筆者は、このような理論に接して、目から鱗が落ちた。防衛省がいつも口にする、国民の生命と財産を守るため「国防」が不可欠であり、軍事力の強化がその唯一の手段であるというような、フレーズこそが空虚なものに見えてくる。「国防」の名のもとに、金に糸目をつけず、しかも国民に真実を知らせず、国民に犠牲を強いる防衛行政は、もはや時代遅れというよりは

罪悪である。もう引き返せないというところまで来てから、真実を知らされることさえあるだろう。そうならないためにも、市民は、防衛行政の動きには十分注意し、批判すべきは批判し、暴走しないようにコントロールしていくことが必要である。

　以上のような秘密主義的な防衛行政の動きに、さっそく反応した秋田県民は、健全な民主主義的な精神の持ち主と言えよう。まず、平和運動をつづけてきた市民らが、個々バラバラに動き出す。そして、個人間で情報を交換し合い、あるいは新たに団体やグループを結成し、また既存の団体が結束を強めていくことになる。もちろん、それらは秋田市内から全県へと拡大していく。

　すなわち、県平和センター、県平和委員会、憲法センター、立憲ネット、九条の会などのほか、平和労組、教育員組合などの労働団体が活発化し、「ミサイル基地『イージス・アショア』を考える県民の会」や「STOPイージス！秋田フォーラム」「イージス・アショア不安ネット・秋田」などが新たに結成され、これらのネットワークがつくられていく。個々人は以上のような団体に加入するか、加入しないまでもネットやSNSで運動の動きを知り、連絡を取り合い、集会や学習会、講演会などに参加している。

　以上のような団体やグループには、県議会議員や市

議会議員がかかわり、交流会、集会、懇談会、講演会などを通じて学び合いがおこなわれている。その結果、リーダーがこれらを統一的にひきいて反対運動を展開するのではなく、これらが今日の情報通信技術を使ってネットワークで自然な形で結ばれ、多方向的なコミュニケーションが機能し、統一した行動の日程や方法を決めるなどして集会などをおこない街頭で行動し、総体としての反対運動の力は向上しているように思われる。このなかで、統一した行動としての結実は、後でも述べる県議会、市議会に請願するための署名を集める活動に見ることができる。

知事・市長への申し入れ

　沖縄の辺野古新基地反対運動の「オール沖縄」のような統一的な団体は、秋田では結成されてはいない。このため、各団体の行動の内容や方法が異なるのはやむをえないことである。

　先にのべたように、議会へ請願や陳情を提出して住民の代表に直接反対をうったえることも有効な方法であろう。ただ、多数決原理のもとでは、現実の党派・会派の構成によって、はじめから結論が見える場合が多い。

　これに対して、首長にうったえることは、違った意味で効果が期待されるであろう。首長は、議員と異な

り直接住民から選ばれ、行政の重要な問題については広く思考し判断できる位置にいる。議会の議決を不可欠とする事項については、当然手続きをとらなければならないが、それ以外は自由裁量的に決定し行動できる。町内会をはじめとする各種団体が首長に申し入れをおこなうようになったのも、このような理由からである。

　自治組織である新屋勝平地区町内会振興会や、だいぶ離れた保戸野金砂町東部会が知事、市長に申し入れしたことについては、先に述べた。「県民の会」は、2019年3月11日に知事に対し、防衛省あての申し入れで配備反対の意思を表明するように要望書をてわたしている。このほかに、この会は防衛省に対しても、申し入れをしている。

全県市町村議会への請願・陳情

　秋田県内において、最初に配備の撤回を求める請願を採択したのは、2019年6月、県北の能代市議会である。秋田県平和労組会議が提出していた請願に対してなされた。能代市長は、自民党の元秋田県選出参議院議員であり、このような首長のおひざもとで採択されたことは、大変意義深いことである。住宅密集地へ近接する場所への配備と、防衛省のずさんな調査は許されないというのがその理由である。

8月には、「ミサイル基地『イージス・アショア』を考える県民の会」が能代市を除いた24市町村議会に請願・陳情を提出した。その結果、10の市町村議会が配備反対の請願・陳情を採択した。やはり、住宅地に近い場所への配備反対を理由に採択がなされた。そして、12月には、継続審査となっていた市町村議会と、新たに審議をおこなった議会でも採択がなされ、あわせて17議会が採択をしている。県内25市町村の議会のうち、7割近い議会が配備反対の意思表示をしている。ここには、共感し寄り添う連帯感が示されている。

議会傍聴活動
　県政や市政の重要な事柄については、議会で論議され決議もなされるので、報道関係者が議会開会中に議会審議の取材活動をおこなうことは当たり前のこととなっている。本会議はもちろん、委員会での審議も対象になっている。取材にもとづいて報道がなされるのであるが、それは記者の見た議会活動である。それらは、一定の時間や文字数のなかでまとめられてしまうので、内容を正確にとらえることが難しい場合が多いだろう。同じ対象を取材しても、放送や記事が異なることで、よくわかるだろう。今日では、県議会も市議会も本会議はすべてテレビ中継されるようになってい

る。よほどのことがない限り、これを県民、市民が終始傍聴することはないだろう。加えて、重要事項のほとんどは委員会で審議され、本会議はそれを追認するだけの儀式の場と化している。

　しかし、委員会にしても本会議にしても、県民や市民はその場に臨み、知事や市長、県議会議員や市議会議員がイージス・アショア問題についてどのように考え議論しているかを知ることができ、また自らが提出した請願や陳情がどのように扱われたかを確認することで、自分の目で見て、頭で考えることが可能となる。その意味では、議会の場は生きた学習の教材にもなる。また、人びとが傍聴することによって、議員の真摯に審議する態度も生まれる。考えようによっては、議員に対する圧力にもなる。この問題にかんしては、両議会ともに与党にとっては攻められており、逆に野党にとっては加勢されている感覚になるだろう。

　さらに、傍聴のようすがテレビ放映されたり、新聞記事なると、広く県民や市民に知られ、この問題への関心が高まっていく。

住民説明会への参加

　防衛省による住民を対象にした説明会は、2018年6月から2019年6月まで4回開催されている。うち1回は、新屋勝平地区の住民だけを対象にした説明会

であり、もう1回は、調査開始前の電磁波にかんする講演会を兼ねたものであった。だから、オープンな住民説明会は2回にすぎない。2018年8月の調査内容にかんする説明会と、2019年6月の調査の結果、適地と判断した内容についての説明会である。

　説明会のようすは、そのつどテレビ局や新聞社が取材し、それぞれの観点から内容をまとめ報道している。これによって、説明会に参加しない県民や市民もおおよその内容は知ることができる。これによって、配備反対の声が大きく広がっていることは明らかである。このことは、地元紙の秋田魁新報の度重なるアンケート調査の結果を見るとよくわかる。

　筆者は、3回の説明会に参加した。もちろん、参加者から質問がでなければ、防衛省側は説明内容に納得したととらえることは間違いないので、他に質問者がいなければ質問しようと、疑問に思っていることについてある程度の学習をして準備していく。しかし、次から次と質問が出され、いつも時間切れとなってしまう。だから、今まで一切質問をしたことはない。ふりかえれば、質問してもまとはずれであったと思うことがしばしばであった。

　参加者のなかには、専門的な学識経験をもった人も含まれていると想像できるが、防衛省職員のような最前線の防衛の専門家ではない。ふだんは、およそ軍事

などとは無縁の市民である。しかし、防衛省側が答えに窮するほどの質問がなされることも多い。それだけ学習を重ね、知識を身につけているからできるのであろう。このような説明会において、質疑応答をくり返すなかでまた、知識も深まり、思考力や表現力なども高まっていることがわかる。次の説明会が開催されるときには、今まで以上に専門的な分野にわたる知識を身につけ、鋭い質問がなされることは確実だろう。それは、生命や生活がおびやかされている市民の魂の叫びでもある。

　今さらながら言うが、住民説明会は、防衛省が圧倒的に有利な条件のもとで進められる。説明資料の参加者への配布は、その日の会場入り口でおこなわれる。いつも資料に記載している内容を長時間にわたり説明し、質疑応答の時間が限られる。参加者ははじめて知る内容について質問することになる。防衛省側はあらかじめ入念に準備した想定問答にもとづいて答弁していると思われるので、説明会は不公平な条件でおこなわれるのが当たり前のようになっている。

　この種の住民説明会は、よく「アリバイづくり」に利用されると言われる。すべての説明会が参加者の不満のうちに終わってしまった場合でも、回数を重ねると、理解をえたとされてしまい、政策が予定どおり実施されるというケースを、私たちは数多く体験し記憶

している。先に述べた資料のデータのミスは、そのようなふだんの態度のあらわではないだろうか。今後も、説明会が開催されるであろうが、市民の学習の成果が十分に発揮される場にしていかなければ、防衛省の思うつぼにはまってしまうだろう。

各団体の講演会・学習会・反対集会
　「オール秋田」は、まだ組織されていない。しかし、ネットワークで結ばれつつある団体や市民グループは、数多く存在している。それぞれが、結束して、理不尽な政策に対して抵抗し、不服従を貫く力をたくわえるために、学び合っている。

　これらの団体やグループのなかで、もっとも包括的な組織は２つほど存在する。市民運動の団体と言ってよい。それぞれ結成のための話し合いの場がもたれ、状況に応じて活動を展開することが決められ、活動を継続している。それぞれ当然のこととして、戦術会議的な会合もおこなわれる。

　実際の活動としては、首長や議会への請願や陳情、申し入れなどのほか、さまざまな街頭活動や署名活動などをおこない、報道機関の報道をつうじて、あるいは直接に人びとにうったえている。また、人びとに広くうったえ、賛同者を募る手段としているのは、講演会や学習会、反対集会である。なかでも、専門家を招

いての講演会は、それぞれの専門家が専門知識をわかりやすく解説し、問題点を明らかにし、課題を提起するものである。

2つの包括的な団体のうちの一つは、中央や地元の著名な専門家を招いての講演会を多く開催してきた。とくに、中央の専門家については、広く情報を集めて探し、さまざまなルートをとおして秋田に招いた。筆者がインタビューしたこの団体のメンバーは、このような講演会は「外に広げる効果がある」と答えている。著名で定評があるだけに、講演会を周知することによって多くの聴講者を確保できる。このような講演をとおして、あまり時間をかけずに反対運動に必要な力を形成し高めていくことができるだけではなく、問題への関心が広まるきっかけになる。このために、反対運動の当事者以外の一般の人びとにも、広く影響を与えることができるからである。

防衛や軍事は、機密的な要素が強く、一般人ではなかなか近づきがたい。一般人は、テレビや新聞などの一方的に情報を流してくれるメディアによって、軍事や基地の問題を表面的に知るだけである。それゆえ、このような問題についての知識や技術は、けっして豊かなものではない。たしかに、この分野にかんする入手可能な文献その他のメディアもあるが、それを個人が利用し、防衛省のような国家の専門家に対抗してい

けるような力量を形成することは容易なことではない。

　しかし、民間の専門家や知識人を講師にした「講演会は、高度な内容を誰にでもわかりやすく伝えてくれるので、どのようなことが問題なのかがすぐ理解できる。このため、市民の意識が高まり、問題が共通認識となり、問題について原則論も現実論も考慮しながら、専門家と市民が一緒に考える機会となっている。」と、この団体のメンバーは話してくれた。また、同じメンバーは、「これまで平和運動にかかわってきたが、軍事兵器や防衛大綱、安全保障関係の条約や協定などについて学ぶことまではしてこなかった。しかし、イージス・アショア問題は、それらについてもきちんと学習するきっかけとなった。これからは、もっと学びを深め、これをふまえて広く人びとにうったえていく必要がある。」と述べた。

　講演会や学習会はもちろん、それらの成果が生かされる集会も以上のような学びの機会となるものである。これらの学習活動は、市民運動を展開していくにあたっても、大きな副産物を与えてくれることになる。先のメンバーは、次のように語る。

　すなわち、「市民は、平和運動と言いさえすれば、賛同してくれるものではない。これまでは、運動する側の理論や考え方を建前にして、それに市民を呼び寄せる形で進めてきたが、それではだめなことを学んだ。

市民の感情をよく学び、それにうまく寄り添うような運動でなければならない。そのためには、従来の党派性を重視した組織的な運動ではなく、さまざまな市民団体・グループやメディアへも働きかけ、問題解決のための合意形成がえられるような、ネットワークがうまく機能する市民運動にしていかなければならないと思う。今回、学んだのはこのことである。市民の反応はある。」と。その一環として、後にくわしく述べる署名活動は、このネットワークがうまく機能し、スタート集会にもこぎつけた成果であると言えよう。

　市民運動は、たとえば、原発や基地の問題などのように、一つの争点でうったえると先鋭化し、市民の参加も限定的になってしまう傾向が見られる。新屋演習場へのイージス・アショア配備反対の一点で反対の市民運動は進められているが、これが見直し論の浮上とともに、他の国有地や民有地、さらには他県への配備の問題へと変質していくならば、多角的な観点で運動を考え直していく必要がでてこよう。この意味でも、市民運動における学習活動は重要である。

　もう一方の団体も、同様の講演会や学習会、集会を継続的に開催している。この団体もやはり、これまで秋田において平和運動にかかわってきた人びとを中心に結成されたがゆえに、高い意識をもって反対運動に取りくんでいる。

軍事や基地などの防衛にかかわるかなりの程度の知識をもつメンバーもいると推測され、前者の団体よりも専門性においては優れていると評価している。同様に、中央や地元の著名な専門家を招いての講演会や集会を開催し、一般の市民にも広く呼びかけ、それらを対話的な学習の機会としている。ただし、このような催しは、イージス・アショア問題に限定したものもあるが、広い意味での平和や他の政治問題にもかかわる学習内容のものが多い。このため、関連のある市民団体などとの共催で実施することが、多く見受けられる。

　しかし、反対運動の強力な推進にとって、専門知識の習得が不可欠ということを認識し、専門知識を学べるような講演会や集会が必要であることを強調する。筆者がインタビューしたメンバーは、次のように述べていた。

　「もっと市民の意識や関心を高め、危機感を強くして運動を進めていく必要がある。イージス・アショアの問題については、とくに電磁波について知らないことが多い。信用のある科学者から、理論をわかりやすい言葉で伝えてもらいたいと思う。また、迎撃ミサイルの命中確率やブースターの落下などのミサイルの科学についても正確に知りたい。このような科学者による証明を信頼した市民は、理不尽な権力に対抗し、反対運動を展開していくことができるのではないか。」

と。つまり、今後の反対運動は、信頼できる科学者の支援を受けて、市民レベルでおこなっていくことが大切であろうと言う。

　しかし、このような観点に立った、講演会や学習会、あるいはこれらと結びついた集会が、たとえ継続的に企画・実施されたとしても、果たして配備阻止につながるような、市民の力になるのであろうか。このメンバーは必ずしも確信をもっているわけではない。「私たちの運動が市民に浸透しているかについては、必ずしも自信をもっているわけではない。しかし、市民主体のスタイルで運動を進めていって、実際に効果をえるためには、やはり『オール秋田』のような組織づくりが必要となるのではないだろうか。そのためには、小さな団体やグループをいくら結びつけても効果があがらないのではないか。もっと強固な組織づくりを進めて、オール秋田を目ざすことを提案したい。」と語る。

　これも貴重な考え方である。オール沖縄を結成し、辺野古新基地建設反対の圧倒的な民意を示しながらも、強権政治はそれを意にも介さず強行し続けている。このような現実を見つめると、オール秋田づくりについては、もう少し検討してみる必要はあるかもしれない。

　この市民団体は、今回の署名活動についても連帯の意識を強くして取り組んでいる。インタビューしたメンバーによると、秋田、山口へのイージス・アショア

配備が公式に表明される前の2017年に、秋田の平和フォーラムは、平和フォーラム、山口平和運動フォーラムと連携して全国的な署名活動を4月にスタートし、6月に国会請願署名として提出した署名が約10万であったので、署名活動については期待をもっているようであった。今後の反対運動は、現在の署名活動の結果をふまえて考えていく必要があるとしている。

「秋田市内で5万くらい集められると、自民党・公明党にはそうとう大きな影響を与えることができるのではないかと思っている。このくらいの数が集まることによって、これらの保守政党とも対話が生じていくのではないかということが、過去の経験からも言える。署名数をもとに慎重に考えなければいけないことだとは思うが、次は国会請願署名活動をやるべきことを提案したい。」と、同じメンバーは話していた。その効果予測も含めて、署名活動その他の実践的な活動については、再検討する時期にきていると思われる。

これらのほか、小規模の市民グループが活発に活動している。2019年1月に市議会議員の全員を対象に、新屋演習場が陸上イージス配備の適地かどうかの公開アンケートを実施し、その結果を発表している。翌月からは、市民の誰でもが参加できる公開の討論会を開催し、イージス・アショアにかんする疑問や不安について、また、自ら学習した専門的知識をもとに予測し

た、核攻撃された場合の被害について話し合いをおこなった。5月になると、改めて4月の市議選で当選した議員に対し、配備にかんするアンケートをおこない、その結果を公表するとともに、党派・会派を問わず市議会議員を招いて市民との対話集会を開催した。さらに、配備にともなう危険性を検証し、防衛省にも協力を要請するように求める要望書を、知事と市長に提出した（秋田魁新報2019年6月1日）。このように、一般の市民の参加のもとに議論をおこなうことで、問題への意識を高め、反対運動を充実させようとして、精力的に果敢な行動に挑んでいる。

　以上のような、市民団体や市民グループの活動はきわめて重要な活動であるが、これらを支援する力にもなっており、全国的な職能団体として独自に国の政策に大きな影響を与えることのできる、弁護士会の活動や主張にも注目する必要がある。地元秋田では、秋田弁護士会が2019年3月に反対声明を出し、11月にはイージス・アショア問題についての講演会を開催した。この間、全国組織の自由法曹団は、2019年4月に知事と市長に対し、自治体として配備計画に反対するとともに、適地調査を中止し、配備計画を断念するよう政府と防衛省に申し入れするようにとの要請をおこなった。同年5月には詳細な報告書を作成した（図4）。また、東北弁護士会も7月に反対声明を出し

図4：秋田弁護士会・東北弁護士会の反対声明と自由法曹団の調査報告書（2019年12月筆者撮影）

ている。

会報・ニュースの発行

　団体やグループによっては、自らの活動状況や、運動の過程で学習によってえた知識・情報などは、会報やニュースとして作成し、メンバーで共有するほか、集会などの人びとの集まる機会や街頭行動のさいに配布し、運動の拡がりをめざしている。

　たとえば、ミサイル基地イージス・アショアを考える県民の会は「県民の会ニュース」を発行している。また、STOPイージス！秋田フォーラムは、このテーマに限定したニュースは発行していないが、関連する団体の会報や新聞などに目立つように記事を掲載して

いる。

　また、地元の勝平地区の市民グループ「イージス・アショアを考える勝平の会」は、「イージス・アショアを考える勝平の会NEWS」を発行している。これは、地元住民にとって反対への意識を高め、行動を勇気づけるものとなっている。とくに、防衛省の住民説明会に出席できない人びとや、時間的な理由などで議会の傍聴はもちろん、報道機関からの情報入手、さまざまな学習会や集会への参加などの機会に恵まれない人びとにとっては、貴重な情報源となっている。

スタンディング、シット・イン、デモ行進、ビラ配布、街頭活動
　一般の人びとは、これらの団体やグループの活動を報道機関のニュースをつうじて知ることもあるが、多くの場合、街頭での行動を目にする。構成するメンバーの人数にも限りがあるうえに、年間をつうじてつねに行動するには、法的規制や物理的な制約などもあり、とうてい無理がある。政府や防衛省が説明のために来県したときや、ふしめのときに実施されてきた。

　もちろん、これらの活動は合法的におこなわれる。規制当局への届出・許可が必要なばあいは、手続きをふまえることになる。これらは、典型的な市民的不服従行為のケースでは、非合法行為の一つとしておこな

われる。しかし、秋田ではまだ、このような行為にうったえるにまでは至っていない。防衛省の再調査の結果とこれにもとづいた行動いかんによっては、これらの行動がさらに激しさを増すことになるであろう。

　ついでに述べておくが、イージス・アショア配備反対に目標をしぼった街頭活動ではないものの、原発に反対し、平和を叫び、政府の政策に抗議するため定期的におこなわれている集会とデモのなかでも、新屋への配備反対がうったえられている。この集会とデモは、集団的自衛権の解釈改憲の閣議決定にもとづいて、参議院において安保関連法案が可決された2015年9月19日の19日にちなんで毎月のように行われている。主催団体は、イージス・アショア問題が明らかになって以来、配備計画を政府の不適切な政策としてとらえ、これを含めて抗議の対象にしている。

署名活動

　知事と市長が賛否を表明せず、県議会と市議会が継続審査を続けて賛否を明確にしないため、請願権にもとづいて両議会に請願することにした。これをもって、両首長にも表明を促そうとした。署名活動「新屋へのイージス・アショア配備計画に反対を求める県民署名」は、「県民署名準備会」を結成し、配備反対運動のネットワークをつうじての呼びかけで行われた。呼びかけ

に応じて集まった市民団体や市民グループ、個人によるスタート集会が2019年10月27日に開催され、10万筆の署名獲得をめざした。この集会では、署名獲得の目標数値が提示されなかった。参加者からの質問に対して、2017年に全国からの協力による国会請願署名で約10万筆が集まったこともあってなのか、10万という数字が瞬間的に示された。短期間で秋田市を中心に県内で集めるとなれば無理があると思ったが、意気込みは大切にして取りくまないと前に進まない。

　署名活動は、各市民団体、市民グループ、賛同する個人ごとにおこなわれていくことになる。そして、12月15日には全県一斉署名活動が午前からおこなわれた。秋田市内だけではなく、北は鹿角、大館、能代の各市、中央は男鹿、由利本荘の各市、南は大仙、仙北、横手、湯沢の各市などでおこなわれた。

　秋田市内では、秋田駅「ぽぽろーど」がメイン会場となった。午後になると、この署名活動の場所のすぐ隣において、秋田県と「救う会・秋田」が共同で、賛同者の呼びかけと署名活動をはじめた。なかには、配備反対の署名を働きかける声がかき消されるほどの大きな声で叫ぶ従事者もいたので、何か意図することがあったのかなと思ってしまったほどである。出会いは偶然であったかもしれないが、奇妙なめぐり合わせであった。

今回のできごとは署名活動と何ら関連性がないとしても、再調査後もなお政府や防衛省が計画を推し進めるならば、妨害行為や懐柔策がさまざまな形でおこなわれる可能性があるので、これからはますます注意していかなければならないであろう。

　署名活動は、年が明けて１月末までおこなわれるが、その間にも重点的に行動日を決めて、全県的に一斉におこなうことを計画している。

第6章

学び合いにより
「市民的専門性」を高める

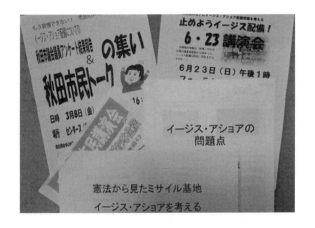

講演会や討論会などのお知らせと資料（2019年12月筆者撮影）

市民的専門性とは?

「市民的専門性」とは、一般の人びとにとっては耳慣れない言葉である。これは、最近、社会学や教育学の分野において用いられるようになってきた概念である。もともとは、社会学において、NPOや協同組合等の非営利・協同組織が機能するための知的な基盤として「市民的専門性」を考えた。だから、行政や市場によって供給されにくいが、サードセクターとして市民生活にとって必要なサービスを供給するとともに、世論にうったえたり、政策提言をするような社会的機能を果たすことが市民的専門性である。

このため、専門用語辞典では「政府・行政、市場セクターとは異なるNPO等のサードセクター(市民セクター)組織が有する、問題解決型の知識や技術のこと」(櫻井、2012、p.238.)と定義されている。つまり、市民的専門性とは、市民生活における問題解決型の専門性といわれる。これで、学問上確立された概念となったのかと言えば、そうでもない。まだ、形成の途上にあると言うべきかもしれない。

これまでの市民的専門性のとらえ方については、筆者は少し狭いと考える。行政や市場において用いられてきた専門的な知識や技術を、NPOや協同組合等の中間的組織も同様に使えるようになることだとすれば、それは国家的公共性、私事性、市民的公共性のレベル

の違いはあっても、専門的知識・技術は同じものを意味する。

　もともと、専門とは、特定の分野の学問や事柄をもっぱら担当することを言い、専門家なる言葉は、特定の学問や事柄を専門に研究あるいは担当して、それに精通している人をさしている。

　これらの言葉から防衛行政という分野を分析していくと、それを担当するのが防衛省であり、軍事や戦略などの専門的な事柄を担当する職員（たんに事務的な業務を担当する人以外は、すべて該当すると思われる。）は専門家ということになる。そのような職員から構成される組織であるから、防衛省は専門性を色濃く帯びることになる。

　しかし、防衛行政にたずさわる職員のみが、防衛にかんする専門家ではない。大学や研究所で軍事や戦略のあり方について研究している者、ミサイルなどの攻撃や迎撃にかかわる科学技術について研究している者やレーダーの電磁波およびそれによる健康被害などの科学技術について研究している者も、防衛の理論や技術にかんする専門家と言えよう。これらの専門家のなかには、防衛行政を支援する立場の人びともいれば、逆にそれを批判・非難する立場の人びともいるし、態度を示さない人びともいる。

　また、以上のような事柄に間接的につながる分野の

理論や科学技術を研究している者は、防衛にかんする専門家と言えないまでも、問題解決にむけて専門的な知識や技術を提供しうる専門家ということができる。これらの人びとも立場は分かれると思う。

さらに、今日では海外に民間の軍事会社も存在し、わが国の法制上は成り立ちえないが、仮に合法化されたなら、このような会社の専門スタッフも専門家であり、集団としての会社は私事性のもとで専門性をもつことになる。

だから、以上のような人びと以外は、一般の市民ということになる。これまでの市民的専門性の考え方に立つと、サードセクターで活動する人びとは、たとえばNPO団体「ピース・ウイング・ジャパン」のような中間的な組織であっても、市民生活における問題解決型の専門性が必要なのだから、防衛行政職員や防衛の理論・科学技術を研究する者と同等の、あるいはそれに近い専門的な知識と技術を集団的にもっていると言うことができよう。

それでは、一般の市民は、防衛にかんする専門的な知識や技術とはまったく無縁であろうか。市民という場合、一人ひとりの市民と、ある有志の集団としての市民に分けられるだろう。筆者は、前者であろうと後者であろうと、防衛にかんする専門的な知識と技術をもちうると考える。軍事基地建設の反対運動が市民運

動としておこなわれる場合には、運動の側に国家的公共性のもとでの専門的知識・技術に対抗する力がなければならない。そのような力をもつには、市民個々人または市民運動の中核的な担い手である市民団体が、専門的知識・技術を身につける必要がある。そのためには、研究ないし学習をとおして力量形成がはかられなければならない。

　これまで展開されてきた反対運動は、真偽のよくわからない調査結果のデータを根拠に基地建設の必要性と妥当性を説明し、推進しようとする防衛省の行政活動に対して、国防の名のもとに住民に犠牲を強いる愚策のあらわれであると批判し基地建設を阻止しようとする、市民の力量によって支えられてきた。その力量形成のためには、軍事や戦略の専門家集団の専門性に対して、市民のそれらにかんする専門的な知識と技術にもとづく専門性が不可欠であると考えられる。

　これは、今までのサードセクター組織の問題解決型の専門的な知識や技術としての専門性と定義されてきた、「市民的専門性」とは若干異なる。市民的公共性のレベルにおいて、サードセクター組織の専門性に限定されず、市民運動を担う集団としての市民や、ボランタリーな市民一人ひとりも有しているという意味での市民的専門性である。これは、個人としての、あるいは集団・団体としての市民の研究ないし学習の活動、

さらに言えば、これらの人びとと、大学や研究所において直接的、間接的に軍事・戦略にかんする理論や科学技術を研究する人びととの、相互交流的な学習活動によって形成が促されるものと考えられる。

　秋田では、個人としての市民、集団・団体としての市民がそれぞれに学習活動をおこない、またそれらがネットワークで結びつき、さらに専門家との相互交流・学習が成り立ちつつあると分析できる。それらの市民的専門性の総体的力量を発揮することで、イージス・アショアの配備という政策の不正義を糾弾し、政策を撤回させる民意の形成を目ざしている。

地元住民の学習会と専門家の講演

　イージス・アショア２基を導入する閣議決定がなされる2017年12月の前月に、読売新聞と秋田魁新報が新屋演習場への配備をかなり確実な情報として記事にしてから、地元住民はもちろん、平和について考え運動をおこなってきた人びとは、不安を抱き危機感をつのらせた。とくに、地元住民は、イージス・アショアがどのようなものか想像すらできず、困惑していたに違いない。

　このような状況のなかで、最初に動き出したのは、平和運動をおこなってきた人びとである。軍事や戦略の問題は立場や党派によって考え方が大きく異なり、

現時点で合意形成に至るということは不可能な話である。まして、わが国の人びとは、全般的にこのような問題について議論することを極度に嫌う傾向がある。動き出すにしてもよほどの注意が必要である。しかし、日本全体を2つのミサイル基地で守るというのであるから、巨大な基地であり、どのように日常の生活に影響を及ぼし、平和を脅かすことになるかは、かいもく見当がつかない。そこで、お互いに勉強しようという気持ちで、新屋勝平地区の町内会長の何人かに呼びかけをおこなったところ、配備への賛否はべつにしてまず勉強会を開くことにしようということになった。

　兵器や軍事の装備については、実際にそれらを扱ったことのある人が体験にもとづいてわかりやすく話をしてくれるだろうと、元陸上自衛隊レンジャー隊員を講師に勉強会を開いた。このような現職ではない立場でも、防衛の専門家と言える。不安いっぱいのせいか、多数の町内会員が参加した。多くの疑問がだされたのは当然である。なかでも、専門的でよくわからないのは、電磁波の問題であったので、次はこの問題についての勉強会となった。先にも述べた電磁波環境研究所の荻野氏を講師に迎え、多数が参加し、電磁波の性質や健康への影響などについて学習した。

　これらの学習会では、イージス・アショア問題のほんの入り口について学んだにすぎないが、住民の意識

を高め、その後のさまざまな学習活動と他の団体や県民・市民、さらには有志の議員たちとの連携のきっかけがつくられていく。

市民団体の講演会・学習会における学び
── 市民と専門家の交流学習

イージス・アショア問題が起きてから、配備に反対するためのさまざまな市民団体や市民グループが結成されていく。もちろん、県や市が働きかけたり、協力したりしてできたものではない。市民運動にふさわしく自発的・自主的に組織されたものである。筆者は、反対運動へのアクション・リサーチをしているのであるから、これらのいくつかにはかかわっている。しかし、配備に賛成するための市民団体もできている可能性がある。今のところ、活発に活動している団体・グループは耳には入っていないが、もし活動していてアクセスすることができるなら、これとの比較において反対する市民運動を見ることができておもしろいかもしれない。筆者には、時間的に余裕がないので、べつの機会にしたい。

市民団体には、規模の大小があり、包括力の大きい集団ほど影響力が強い。しかし、規模の小さい集団やグループだから、力が弱く影響力が小さいとは必ずしも言えない。ここでは、すべての市民団体や市民グルー

プを取りあげるスペースがないので、主なもの、しかもそれらと専門家との交流学習を含めて、講演会・学習会をつうじての学びの構造について分析を試みることにする。

　秋田県においても、従来、平和のための市民運動が展開されてきた。新屋へのイージス・アショア配備の問題が明らかになってから、これらの市民運動にかかわってきた人びとが広く一般の市民にも呼びかけて、新たに結成された市民団体が存在する。この点については、先に述べた。

　その一つの団体は、これまで市民的専門性を形成することに貢献できるような集会兼講演会・学習会を開催してきた。主なものとして、次のとおり開催日、講師、テーマをあげた。ただし、関連する他団体の主催であっても、イージス・アショア問題を扱っているものをあげた。

2017年12月17日　前田哲男（軍事評論家）
　　　　　　　　「イージス・アショアの問題点」
2018年 2月 4日　井筒孝雄（元陸上自衛隊レンジャー隊員）
　　　　　　　　「イージス・アショアについて考える」
　　　　　　　　（「イージス・アショア問題を考える新屋住民の会」の主催）

2018年 5月20日　荻野晃也（電磁波環境研究所）
　　　　　　　　「電磁波について学ぼう」
2018年11月 4日　伊藤善夫（秋田市土崎空襲を考える会）
　　　　　　　　「イージス・アショアについて」
2019年 6月23日　半田滋（東京新聞論説委員兼軍事ジャーナリスト）
　　　　　　　　「イージス・アショア配備問題とその背景」
2019年11月17日　纐纈厚（憲法学者）
　　　　　　　　「変貌する自衛隊とイージス・アショア配備計画」
2019年12月 9日　横田一（ジャーナリスト）
　　　　　　　　「『イージス・アショア』と安倍政治」

　主催者代表のあいつにはじまり、一方的な講演の後に、質疑応答がおこなわれるごく一般的な形式の催しであるが、そこでは専門家の講師と参加者・団体の交流学習がおこなわれる。参加者・団体にとっては、聴講により専門的な知識や技術を学習し、運動の推進力を高め、もしくは運動のあり方を再考する機会となる。一方、専門家の講師といえども、質疑応答をとおして自己の専門的な知識や技術をふり返る機会となり、専門性の質的な向上をはかることができるだろう。
　もう一つの団体も、同様の集会兼講演会・学習会を、次のような専門家を講師に招いて開催してきた。同じく開催日、講師、テーマをあげた（ここでは、関連す

る団体主催であってもイージス・アショア問題を含むものをあげた)。

2018年 5月 3日　浦田一郎（憲法学者）
　　　　　　　　「改憲論の今——自衛隊加憲論を中心に」
　　　　　　　　（他団体の主催）

2018年11月24日　藤岡惇（軍事問題研究者）
　　　　　　　　「陸上イージスに新たな危険——イージスは核の大惨事を招く」（他団体の主催）

2019年 3月10日　小泉親司（元参議院議員）
　　　　　　　　「イージス・アショア強行配備は許しません」

2019年 2月 2日　広渡清吾（法学者）
　　　　　　　　「安倍政権にかわる新しい選択肢——憲法と市民の役割——」（他団体の主催）

2019年 5月 2日　五十嵐仁（政治学者）
　　　　　　　　「9条改憲阻止のために」（他団体の主催）

2019年 5月26日　小林節（憲法学者）
　　　　　　　　「『政権交代』を語る」（他団体の主催）

2019年 9月 1日　長谷川康（秋田弁護士会）
　　　　　　　　「イージス・アショアと憲法上の問題点」

　これらの進め方も同じ形式であり、専門家と市民の交流学習が実現している。これらは、総体的に見ると、どちらかといえば、イージス・アショアのような武器

を配備するようになった背景についてくわしく学ぶものが多かったような気がする。

　なかでも注目すべきなのは、反対運動の将来において訴訟による阻止をも見すえた法律や憲法にかんする学習であった。法律の専門家である弁護士の提言であったが、市民団体による反対運動の最終的な手段ともなりうる領域である。訴訟となれば法律知識だけでなく、訴訟費用などの面での支援が必要となり、市民の力に大きく依存することになるだろう。

　これらの市民団体の運動のほかに、市民グループの働きも見のがすことができない。これは、先に述べた市議会議員を交えた公開討論会を開催したグループである。このような活動をはじめるにあたって、すでに核ミサイルが秋田市をおそった場合の被害を科学的に予想することを試みた。それをまとめた資料を知事と県議会議長に提出し、県や専門家による分析をとおして被害を予測し、県民に危険性を示すよう要望している（秋田魁新報、2018年12月7日）。このような科学的な調査活動は、市民グループの市民的専門性の形成を裏づけるものであり、学びの成果と言うことができよう。

住民説明会における市民と専門家の共同的学習

　防衛省が主催する住民説明会は、当初、参加者を限

定することで批判され不評であったが、今は県内の市民であれば、誰でもが参加できるようになっている。当然のことである。この参加者には、個人としての市民（町内会の役員や会員も含まれる）もいれば、市民団体や市民グループの構成メンバー、大学や研究所などの研究者、さては政治家もいる。

説明会では、それぞれの立場や専門的な知識・技術の有無によって、質問の内容や方法がさまざまであるが、防衛の専門家集団である防衛省のデータや説明に対して、疑義をただそうとする。

素人として素朴な質問をする人から、レーダーの電磁波やそれによる健康被害、迎撃ミサイルの性能、ブースターの落下位置などの自然科学や、戦争・平和論などの人文社会科学の専門的な事柄について質問し、矛盾や論理・アイデアの破綻などを追及することのできる専門家と思われる人まで、さまざまな立場の人が参加している。このため、いつも議論は拡散しがちになるが、参加者の地元住民と市民を愚弄する国策をはねのけようとする意思は一致している。

参加者は自己を証明する必要がないので、大集団や小集団でメンバー同士がお互いに認識して学び合うのとは異なる。集まった市民は、継続的ではないはじめての場ではあるが、防衛省との質疑応答を媒介にして、お互いに共感し合う。市民は専門家から専門的な

知識・技術を学び、専門家は市民から新しいアイデアや専門的な観点では見逃していた事柄、専門的研究で不足している部分などを学ぶことができる。

　ふだんは交流のない市民と専門家は、防衛省という専門家の集団との議論の場で、相互に交流しながら学び合うのであるから、共同的な学習がそこに成立していると言える。しかし、このような学習を、教育学の分野で検討してきた「共同学習」にあてはめることには無理があろう。この概念は、団体内部の小集団学習から出発し、メンバー同士だけでなく、外からの学習支援者の受け入れ、さらに外部における他の集団との相互交流へと変化し、能動的な相互学習としての意味をもつようになっているからである。

　また、このように市民と専門家が相互に交流しながら学習するのであれば、学習が共同的行為として進められていくということになるが、これを文化的な実践への参加ととらえ、実践の場における学習者のコミュニティを大切にする新しい学習の理論にしたがって、学習の共同的行為性を認めるにしても無理が生じてくる。なぜなら、コミュニティはどうしても継続性や固定性という色合いが濃くなり、住民説明会の場だけではコミュニティの形成に難があるからである。

　したがって、現時点では、住民説明会のような単発的な場における相互交流的な学習活動は、市民と専門

家による偶発的な共同的学習と言っておくにとどめざるをえない。

法律家団体の集会・学習会

　市民的専門性が形成され、さらに高まっていく機会として、法律家の団体との相互学習が考えられる。先にも述べたように、秋田弁護士会と東北弁護士連合会は反対声明を、また自由法曹団は調査報告書を公表している。

　これらのなかで、地元の秋田弁護士会は、2018年8月に「イージス・アショア問題に関する会内勉強会」を開催した。これは、会員による現状の分析と問題点の報告、地元の3住民団体の代表による活動等の報告にもとづき、意見交換をおこなったものである（自由法曹団、2019、p.13.）。限定された市民ではあるが、法律の専門家との相互学習がなされた。2019年3月の反対声明に引き続き、11月には、「憲法を考える市民集会」を開催した。これは、新屋への配備の問題を意識したもので、「イージス・アショアからみた憲法問題」というテーマで、日弁連憲法問題対策本部副本部長・伊藤塾塾長の伊藤真弁護士が講師として講演をおこなった。

　日本政府によるイージス・アショアの導入の背景にはじまり、コストの膨張、電磁波による健康被害、ミ

サイル迎撃能力への疑問など、イージス・アショアの問題点を語り、国民主権・平和的生存権・平和主義・個人の尊重・地方自治・憲法擁護義務などの憲法上の観点から問題点を克服するための課題を提起した。とくに、個人の尊重の観点では、やはり訴訟との関連で予防原則が話題になった。参加した市民との間で、専門的な法律問題について時間が足りなくなるほど、相互学習的な質疑応答がおこなわれた。法的な側面ではあるものの、市民的専門性を形成するための一環となった。

　また、自由法曹団は、調査報告書をまとめるにあたって、現地の検証をおこなったうえで、住民との懇談もおこなっている。報告書によると、懇談の内容は、住民からは活動の紹介や運動の現状、住民意識などについて報告がおこなわれ、これに対して自由法曹団からは質問と回答がなされた。このような場も、市民と法律の専門家との相互交流的な学習である。市民にしてみれば、弁護士会は法律の専門家であり、反対の市民運動を展開していく過程で紛争に巻き込まれたり、被害を受けたりした場合に法的に応援をしてもらえる頼もしい存在である。これからも、さまざまな法律相談をとおして、法的な面から市民的専門性を高めていくことができるだろう。

市民団体メンバーと専門家の共同出版

 反対する市民運動にかかわりあうなかで、市民が専門的な知識と技術を身につけ、市民的専門性を形成していくうえで助けとなる、学習教材として使える著作が発行されたことに注目したい。この著作は、先にも紹介した『イージス・アショアの争点——隠された真相を探る——』である。

 これには、有名な軍事評論家や憲法学者、科学者、ジャーナリストが専門的な論文を載せているが、秋田と山口の両配備候補地で反対運動にたずさわっている市民団体のメンバーが、それぞれの現地における反対運動の報告を載せている。学術書にも近い著作の出版であるが、専門家との共同作業により、一般の市民を広く啓発し、市民運動を盛りあげるための出版が実現したことは、市民的専門性をたんに理論にとどまらず、実践として確認できたと言ってもよいのではないだろうか。

市民的専門性の高まりと防衛省の専門性への対抗

 市民と専門家の相互交流的な学習においては、両者は学び合うという対等な関係を築くことになる。

 市民は、新たに専門的な知識と技術を身につけるだけでなく、すでにある程度の専門的な知識・技術をもち合わせている場合は、それをより確実なものにする

ことができる。そしてそれを、個人として、また団体や集団として、不服従や抵抗の力を高めるのに生かすことができる。

　これに対して、専門家の専門的知識・技術それ自体は、服従や抵抗の力を発揮するものではない。たとえば、住民説明会において、そのような知識・技術でもって防衛省の考え方の誤りや矛盾を認めさせたり、科学技術的な根拠がないことや科学技術上の誤りを明らかにした場合は、防衛省のずさんを糾弾することができる。その限りで、政治や行政の不当な行為の抑止力となる。

　しかし、市民運動によってイージス・アショアの導入をおしとどめるには、そのような専門家の専門的知識・技術が、市民によって受け入れられ学ばれ、市民の団体や集団の不服従や抵抗への大きな力となる必要がある。この意味では、ふだんの集会や講演会、学習会において、市民と専門家の相互交流学習が何よりも大切である。

　住民説明会のような場面は、防衛省の行政行為の正当化のために設定されたものであり、これにたちむかう市民の間で相互に学び合う瞬間があるにすぎず、継続的に学び合うきっかけにはなるものの、その場で可能になった市民と市民のなかの専門家の共同的な学習の成果が、その場ですぐ発揮されるものではない。や

はり、市民のふだんの個人学習と、それを基礎にした市民の集会等における集団的な学び合いが、継続的におこなわれることによって高まる市民的専門性こそが、防衛省の専門性に対抗しうるものとなるのである。さらに、このような市民的専門性の高まりが、反対する市民運動の推進を支える基盤となるのかもしれない。

第7章

過去の教訓に学び今後を展望する

「アイギスを手に闘うアテーナー」
パウル・トロガー（オーストリアの画家 1698-1762）の作
（ウィキペディア、https://ja.m.wikipedia.org）
アイギスは、ギリシャ神話に登場する防具で、あらゆる敵や攻撃から防御する能力をもつとされる。英語では、イージスという。イージス・アショア問題は、その皮肉な結果をもたらしている。

過去の基地反対運動

「基地反対運動」でインターネットの検索をすると、現在進行形の沖縄の辺野古新基地反対運動が最初にたくさんでてくる。次に、過去の沖縄の基地をめぐるさまざまな反対運動の記事にお目にかかる。さらに、検索していくと、過去のわが国おける基地反対運動にようやく行きつく。それほどまでに、辺野古、それ以外の沖縄の基地の問題が重大であることを示している。

沖縄には、わが国におけるアメリカ軍の基地の割合の約75％が集中しており、沖縄県民の怒りは頂点に達していることは報道されているとおりである。辺野古新基地に限ってみても、沖縄県民の反対の民意が示されているにもかかわらず、現在の政権の強権政治は基地建設のための埋め立てを強引に進めている。本書で取りあげた、市民的不服従行為を覚悟した反対行動も、功を奏していないと言ってもよいだろう。それだけ、日米軍事同盟の壁は厚く強固であるということだろう。

日米地位協定がもとになっている日米軍事同盟は、わが国の安全保障の核となっているとさえ言われるが、「60年安保」、「70年安保」という大きな改定のときは、国内において激しい反対運動が起こった。今は、なにごともなかったように、日米安全保障体制が定着したようにも見え、沖縄をはじめ全国各地に基地が点在し

ている。沖縄の基地負担の過剰の問題が論議されることはあっても、沖縄の負担を他の自治体で引き受けるような動きはまだない。

　しかし、このような日米安全保障体制の問題そのものになると、筆者の追究の能力をはるかに超えてしまう。そこで、日米安保にかかわりがあろうと、なかろうと（このような場合が考えられるかどうかは問題であるが）、とにかく基地を拡大するとか、新たに建設するなどの場合は、日本政府が基地政策を遂行することになる。これを担当するのは官僚機構としての防衛省であり、政権がこれをコントロールする形で進められる。

　このような政策に反対し、基地建設を阻止しようと、各地で市民運動が展開された。これらの運動をすべてをもうらした歴史書や記録書は、筆者が探した限りでは、戦後間もないころの著作はあったが、それ以降のものは見つけることができなかった。しかし、個々の運動について分析や考察をおこなった著作や論文、雑誌記事などは、多数存在している。

　先にも、沖縄、内灘、砂川、長沼、恵庭などの軍事基地反対運動をあげたが、このほかには、北富士演習場問題、小松や岩国、百里の航空基地の問題などがあった。沖縄のすべての基地問題はもちろん、佐賀空港オスプレイ問題など、現在進行中の問題もある。これら

のなかで、訴訟が提起され憲法問題となったのが、砂川、長沼、恵庭、百里の基地反対運動である。

　内灘は、アメリカ軍の撤収で試射場としての軍事基地の実現をみなかったが、決着がついたとされる基地問題は、いずれも国家権力が市民を圧倒した結果である。反対の市民運動の組織や展開の問題など、さまざまな要因がからんで結末を迎えたと思われるが、これらの敗因をよく分析し教訓にして、これからの運動を再構築していかないならば、またしても国家権力の餌食になってしまうだろう。

秋田では基地反対運動があったのか？
——教訓を生かすために

　戦後、秋田では、軍事基地問題にかかわる争いは存在しなかった。ただ、行政の施策に反対する市民運動が展開されたことはある。「はしがき」でふれた秋田湾開発と大王製紙進出の問題は、施策の推進主体が秋田県であり、市民運動は、この県行政に対して反対し阻止するためのものであった。これらの市民運動は長年にわたっておこなわれたが、大手の製鉄所や製紙会社が秋田への進出を断念することになり、終結した。県行政への反対運動であったので、結果的には市民運動が勝利した形になったが、県行政の自滅に助けられたと言ってもよいだろう。

たしかに、これらの市民運動は粘り強く進められたが、運動対象の性格が大きく異なることもあって、今回の基地問題とはその広がりと強さにおいて比べものにならない。保守的で公権力や権威あるものに従順な県民ではあるが、正義に照らして批判・非難し、不服従の精神で行動を起こした人びとの勇敢さをたたえるべきであるし、この教訓は十分に生かさなければならない。

　このように、秋田では過去の教訓を生かせるような基地問題への取りくみはなかった。このため、国内の他の取りくみを参考にし、市民運動を創造していくしかない。しかし、筆者としては、自己の力量はもちろん、時間的・経費的な制約もあり、過去および現在進行形の沖縄をはじめとする基地問題にかんする文献を、できるだけ広くフォローする余裕はない。このため、これまでの教訓をどのように生かすべきかを提言することはできないのが、残念である。機会があれば取りくみたいと思うが、現在もち合わせている知識と体験の範囲内で、今後について考えてみたい。邪道であるかもしれないが、ご寛容であることをお願いしたい。

辺野古新基地問題と同じになってしまわないか？

　防衛省はゼロベースで、つまり白紙にもどして再調査しているのだから、理論上は他のすべての国有地に

ついて、これまで新屋ありきで公表してきたデータと同質、同量のデータを出すことになるから、膨大な分量になるはずである。

　しかし、これは考えにくい。あくまでも想像にすぎないが、おそらく限定された条件にしぼって、それらを比較して適地を判断することになろう。つまり、国有林そのものの場合は、伐採してインフラを整備してまでとなると、経費と時間がかかり間に合わないということになり、不適地にするだろう。これを除いた平地の場合は、住宅地との近さを考慮するとしても、明確な基準はなく、面積1平方kmを配備の条件にしてきたので、これを確保できない場所は除かれるだろう。しかし、この場合でもイージス艦はあの狭いエリアにレーダーや発射機などを有しているのだから、アクロバット的に配備が可能とすることが考えられないわけではないだろう。

　さらに、データの誤りで問題となった仰角については、これまでの訂正後の角度と大幅に違うということは考えにくい。この面からも除かれる場所が出てくる。新屋の場合は、一切これが問題にされることはなかった。絶対に15度以下には照射しないということだろうが、しかし、山口ではこの角度が10度になっている。なぜこれが許されるのであろうか。全周・水平方向に照射するのがレーダー運用にとって理想的だ

とすれば、実際に配備できた場合に果たして15度とか10度は守られるのであろうか。

　極端なたとえをする。烏賀陽（2019、p.31.）が指摘するように、公海は以外に近いところにある。これがわかれば、津軽海峡あるいは太平洋の公海にいる潜水艦から、新屋の基地をねらって弾道ミサイルや巡航ミサイルが打たれることが考えられる。

　弾道ミサイルにイージス・アショアが対応するためには、青森、岩手方面に向かってレーダーを照射する必要あろう。秋田市の東側の場合は太平山よりも高い角度で照射することになるが、それはどれくらいの角度であろうか。ブースターの市街地への落下が考えられるし、メインビームはあたらないとしても、強いサイドローブの問題があろう。

　また、巡航ミサイルの場合は、高い山脈の間をぬって低空を秋田に向かってくることになり、仮にイージス・アショアにこのミサイルに対応する能力を付加したとすれば、これを探知・追尾するために、秋田市の北や東の方向の市街地に向けてレーダーを照射しなければならないだろう。こうなれば、基地を守るために秋田市の北や東で迎撃することになるので、そちらに被害が及ぶという理屈にならないだろうか。

　北朝鮮の弾道ミサイルから国民を守るということだけが強調され、莫大な国費を投じようとするが、それ

以外の防衛上の問題はまったく考慮されていないと言ってもよいのだから、高額な兵器をアメリカからわざわざ購入するという決定は、なにか特別の理由によるものではないのか。このシステムの導入の不透明さについては、元防衛庁長官でも国会が止まってしまうくらいの話だと言ってのけたとのことである（東京新聞社会部、2019、p.118.）。北朝鮮が本気で、わが国をねらって弾道ミサイルを発射する現実的可能性を、どれだけの国民が信じているのだろうか。筆者はきわめて少ないと思う。

もはや、何度以上に向けて照射するから安全という言葉を信ずることができなくなる。2019年5月の調査報告書の仰角は、すべて約何度になっている。約だから、基準とする15度よりも多少の角度も許される。そうすれば、仰角の誤りが見つかってからの訂正表（図5）のように、遮蔽物による障害がクリアされる国有地が多くなっていく。そして、山口の10度の問題をも考えると、果たして仰角は意味があるのだろうか疑問になってしまう。このような仰角がまったく問題にされていない新屋は、この面だけは文句なく適地と見なされてしまう。

津波被害の点についても、土地をかさ上げしても防ぐことはできない場所は除かれるだろう。となれば、適地とみることができる場所は、ごく限られてくる。

説明資料の正誤表			

遮蔽に関する角度（56～57頁、64頁）

国有地	角度	
	旧	正
青森⑤西津軽郡鰺ヶ沢町	約17°	約15°
秋田⑩にかほ市	約15°	約10°
秋田⑪由利本荘市	約15°	約10°
秋田⑫にかほ市	約15°	約13°
秋田⑬由利本荘市	約17°	約13°
秋田⑭男鹿市	約15°	約4°
山形⑮飽海郡遊佐町	約15°	約10°
山形⑯酒田市	約20°	約15°
青森㉑弘前演習場	約15°	約11°

図5：「説明資料の正誤表」令和元年6月5日、防衛省、p.1.（防衛省ホームページ https://www.mod.go.jp/aegis-ashore）

新屋についてはかさ上げできると言っているので、適地に入れられてしまう。

今おこなわれている再調査では、住宅地との近さも考慮することになっている。電磁波の健康被害、攻撃されたときの被害、ブースターの落下の被害など、地元の不安が強いことに配慮して再検討しているのだから、当初の防衛省の姿勢や態度とは矛盾している。再検討前の条件でも安全を強調してきたのだから、防衛省のデタラメぶりが明白だと言えないだろうか。新屋以外の調査している国有地で住宅地との距離が遠いところがあったとしても、インフラの問題があれば、やはりそこは避けることになろう。距離の基準はまったく明確ではないから、近いと遠いは感覚の違いにすぎ

なくなって、水かけ論に終わってしまうのではないか。あげくの果てに、もろもろの条件を考慮して総合的に判断したところ、新屋に落ち着いたと言われかねない。そうなれば、最悪である。強行ありきで進められている辺野古新基地建設の問題と、ほぼ変わらないものとなってしまうのではないか。

このような総合的な判断こそは、「くせ者」である。自然科学的にも完璧なほどまでに条件を考慮したとしても、総合的に判断して決定するとなれば、何かを優先するとか、偏向するような、恣意性を排除できないのではないかというのが、筆者の見立てである。総合的に判断して強制執行したことのなかには、後に誤りであることが明らかになった例がよくある。

たしかに、防衛のように機密が多すぎる分野は、住民から理解してもらったり、住民が納得するような証拠を提示できないところに、民主的手続きをとれない必然性をもっているように思われる。それなのに強行する傾向が顕著だから、民主主義の考え方に明らかに反する。住民が真実を知って安心することができないのでは、国民から信頼されない組織機構といわれてもやむをえないだろう。

新屋については、再調査の結果、適地からはずされる可能性がまったくないわけではない。しかし、それが実現し、適地が他の場所に移ったとしてもまた、新

屋と同様の問題が生ずるであろう。そのような不幸なことになったところの人びとに共感し、ともに歩むような努力を惜しまないならば、あまりにも薄情というほかはないだろう。そこで、反対運動の継続が課題となろう。取りくむには大変疲れる重い課題であるが、人間の生き方が試される。

「国の専権事項」は民主主義のコントロールのもとにある

　防衛は「国の専権事項」であると、定番のようにいわれる。「専権」については、『広辞苑』『大辞林』では、ともに「権力をほしいままにすること」と説明され、後者には用例として、「政府の専権横暴」とある。だから、思いどおり権力をふるうという意味である。これでもって、防衛省がイージス・アショアを思いのままに配備できると理解したり、抵抗してもむだだと考えるならば、とんでもない間違いとなる。

　防衛省の仕事は、防衛省設置法に書かれている。そのなかに「陸上自衛隊、海上自衛隊及び航空自衛隊の組織、定員、編成、装備及び配置に関すること。」という文言がある。そして、自衛隊法は、自衛隊の任務、部隊の組織や編成、行動や権限、自衛隊員の身分の取り扱いなどを定めた法律である。要するに、この法律は自衛隊の組織や活動をうたっているので、イージス・アショアの配備については関係がない。したがって、

防衛省設置法の文言が唯一の根拠となる。

　しかし、この根拠でもって、国民の生命や生活に大きく影響する配備をほしいままにすることはできない。国民主権の憲法のもとでは当然のことであり、それだけに地元の住民を代表する首長や議員に説明するのみならず、住民説明会を開くなどして住民の理解を求めているのである。何をもって理解したとするかの問題は別にして、このような理解がなければ配備を進めることはできない。

　ゆえに、イージス・アショアの新屋への配備は、国の施策ではあるが、地方では拒絶できるのである。拒絶してもなお、法にしたがって強行するならば、国民は同じく法にしたがって対抗することができる。これが、民主主義の原則の一つである法治主義の考え方である。

　だから、防衛省の今の試みは、民主主義として正しいやり方かどうかも問われることになる。何をもって地元の理解をえたのかを明らかにしないままできたところを見ると、これまでのような説明の回数を重ね、タイミングをみはからって強行するやり方を踏襲するつもりであったと推測される。ただし、こういうやり方でも地元の首長や議員の動向は気になるので、説明には注意を払っているが、それは間接民主主義の考えをふまえようとする意識はあることの証拠でもある。

こうしたときにこそ、国の施策の決定権をもたないとされる地元の首長、議員の意向が大きな影響力を及ぼす。

首長と議員はたよりになるか？

　秋田県知事は保守系、秋田市長は保守をも取り込んだ中間派とすれば、防衛省はやりやすい相手とふんだに違いない。ところが、地元住民や市民の反対の声は強く感じられる。おそらく、両首長は自己の政治生命だけでなく、政治家としての良心が問われていると認識しているに違いない。だから、議員たちの動きも見るし、これまでも防衛省を批判しながら賛否を表明せず、慎重な発言をくり返してきた。明白に反対に転じるならば、防衛省にとってはもっとも手強い相手となる。

　秋田県は、国政レベル、県政レベルでは保守系議員が多数派である、市町村政レベルではさまざまであるが、総体的にはやはり保守系議員が多い。つまり、全国的にも保守色の濃い県である。防衛省はこれをあてにしてきと思われるが、現在はそのような多数派と少数派の数は拮抗している。また、自民・公明系の議員は中央の指示にもとづいて行動していることは明白であるが、住民の生命や生活に直接かかわるイージス・アショア問題の深刻さに、自己の良心を覚醒させて造反する議員が出てこないとも限らない。

　このような間接民主主義を大切にすることは、わが

国や自治体の人口規模を考えるとやむをえない面があるが、しかし、間接民主主義も完全なものでなく、直接民主主義によって補完されなければならない。だから、現実の住民や市民の声が尊重されなければならない。首長や議員は、この声を十分に汲み取るべきである。

そして、首長には国をおそれずにもの申してほしい。知事は、12月定例県議会において、新屋への配備は難しいという前提で、防衛省に申し入れするつもりであることを答弁している。秋田市長も、住宅密集地近くに配備することは、地元の理解をえることが難しいと申し入れたいと答弁している。両者とも実行すると思うし、今後考えが変わらないことを切に望む。

また、議員には、党議拘束にしばられない、住民の平和的な生存に配慮して、自己の良心にもとづく主体的な判断をしてほしいと思う。調査結果がどのようなものであろうと、これを貫いてほしい。

首長、議員の双方ががんばるなら、国はそう簡単には強行できないであろう。とくに、首長は住民によって直接選ばれているので、大きな期待が寄せられる。筆者は、知事、市長ともに、申し入れをするという消極的な姿勢ではなく、反対であることを明確に公言し、県民、市民の盾になるという強い気持ちを示した結果として、国が配備を断念することになれば、歴史に名が残り、後世においてもほめたたえられることになる

だろうと考える。

電磁波問題の徹底追究

　次に、これからの運動を考えるにあたっては、内容がはっきりしない電磁波の問題について早急に取りくむことが課題である。この領域については、個人学習や集団学習によってある程度の専門知識はえられるが、防衛省の資料やデータの意味を完全に読みとり、その真偽を明らかにするには、説得力のある科学の専門家の力と共同的な学習が必要である。日常的にさらされる電磁波の問題は、攻撃された場合の被害や装置の不具合による事故、ブースター落下の可能性などの明白な問題に比べて、もやもやした霧につつまれている感じがする。必ずしも県内の専門家でなくも県外の方でもよいので、支援が必要であろう。

　この電磁波の問題は、住宅地との距離にもかかわる。230mの範囲外であれば安全と調査報告書では述べているが、これが真実でないとすれば、1平方kmのなかに自衛隊員の宿舎もつくる計画であり、その家族がともに住む場合は（これはあまり考えられないが）、これらの人びとがつねに電磁波にさらされることになる。絶対安全でなければ、防衛省は自衛隊員も犠牲にしようとするつもりであろう。

署名運動を発展させる

　再調査結果の公表前の署名運動の結果をどうとらえるべきであろうか。政治面での保守的な県民性は、首長の政治的立場や議員の構成に反映されている。2019年4月の地方議会議員の選挙においても、保守系議員はイージス・アショア問題の争点化を避けた結果、現在の構成となっている。しかし、7月の参議院議員選挙では、イージス・アショアの配備反対を明確に掲げた候補者が、争点にしなかった保守系議員に勝利している。これらの選挙の結果と署名がどれだけ集まるかは、直接的な関連性はないと思われる。署名者の数が目標に達しなくても、人数制限のない議会への請願や陳情は可能であるが、背景に多くの反対者がいることで市民の声が大きいことを知らしめることができる。いずれ、県単位、あるいは市単位での住民投票を求める運動を展開するには、このような署名集めが不可欠となる。今回の署名運動をふり返る必要があろう。

科学批判の観点が大切

　2020年4月以降には、再調査結果のデータが示される予定になっている。その内容についても、正確な予測は不可能である。筆者の予測する最悪のケースは、他の国有地は不適で、新屋は住宅密集地に近いが、電磁波については問題がないことの科学的根拠があり、

攻撃からは自衛隊が守りぬき、その他についても万全を尽くすので、けっきょく残った唯一の適地としての選択肢となったということである。

　もちろん、適地条件については、土木・建築関係の専門家、電磁波の専門家のお墨付きをえたと主張するだろう。しかし、専門家会議が第3者委員会だから中立であるとか、判断の内容に何らかの偏りがないとは言えない。

　科学は「社会現象」であり、科学を批判するのは、「科学を科学する主体から切り離し、科学の成果が逆に人間に敵対しその生き方だけでなく生存自体をおびやかす逆説を見ようとしないからである。」(藤田、1984、pp.36-37.) このような科学批判の立場に立つと、地元住民の生命や生活をおびやかす基地建設にかかわって、専門家会議のいう科学的根拠なるものが信頼に値するものかどうかは、即断できない。したがって、専門家会議がかかわった調査報告書のデータといえども、市民的専門性の考え方から徹底した検証が必要である。

阻止のための訴訟は可能か

　防衛省が強行する場合に備えて、訴訟についても検討しておくことが必要となろう。このイージス・アショア問題が明らかになってから、市民団体や弁護士会の

主催の法律問題についての講演会が２回ほど開かれている。わが国の司法は具体的事件性がないと判断しない仕組みになっているが、法技術的にはさまざまな方法が可能であると筆者は考えた。訴訟が提起された場合、相手は国民の税金を制限なしに使って対応できるが、国民、市民は自分のふところを痛めなければならない。経費負担の問題も含めて、法律の専門家の方々と勉強会を開いていくことも課題としてあげておきたい。

市民的不服従の行動は非現実的か

　強行することが目に見えて明らかとなったときには、どうすべきなのであろうか。これまでのような首長への申し入れや、議会への請願・陳情のような間接民主主義的な行動に加えて、直接民主主義的な行動をとることも考えなければならない。住民投票を実施するための行動もこれに入るが、合法的な街頭での集会やデモ、さまざまな場所でのシット・インなどの抗議行動も反対の強い意志を示すことができる。このような行動において、何らかの理由で行動が過剰になり違法行為になったとしても、それは非暴力的なものであれば、市民的不服従行為の範囲内である。

　このままアメリカに従属し続けるなら、中距離ミサイルをアジアに配備するために、秋田と山口のミサイル基地が活用される可能性がある。そのために、辺野古

以上の強権的な政治による強行となろう。そうなれば、ガンディーやキングなみの不服従行動となろう。市民的不服従は、今は現実的でないかもしれないが、案外近いうちに実践せざるをえない行為なのかもしれない。

　以上のように、市民運動として地元住民の生存自体をおびやかす基地建設へのさまざまな抵抗を怠らないことが肝要である。新屋への配備の強行は、軍事優先の権力政治の帰結であることに間違いはないから、これにまったく対抗できないのでは、戦前のような国家体制の再現を許すことになってしまう。

市民の力となるもの

　もっとも、そのような手段を使う前に、まだ一般の市民の関心が薄く反対運動に強い推進力がえられていない証拠であるから、そのような市民にもっと広くうったえかける方法を探す必要がある。大規模な反対集会や討論会、講演会、学習会などについて、報道機関から多く取りあげて報道してもらうことが大切であると考える。報道機関は、表向きには客観的な報道、中立的な立場などを標榜するが、実際の立場は必ずしもそうとは言えないだろう。それでも、多く取りあげられると、市民の目が向いていき、結果的に関心が高まり、反対の声が強まると筆者はふんでいる。若者には、SNSの活用が考えられるが、これについては功罪

をよく確認する必要があろう。

市民運動とアクション・リサーチ

　筆者は、防衛行政によるミサイル軍事基地の建設に反対する市民運動の内部から、この運動に対して提案しながら、運動の過程を分析し、今後を展望することを目的に取りくんできた。つまり、社会科学の研究における質的方法の一つとしてのアクション・リサーチの手法を用いて、非常に深刻な問題にアプローチしてきた。しかし、目的は必ずしも実現されていない。

　いくつかの市民団体のメンバーにはなっているが、運動の方針を決定しリードしていくような立場にはなく、集会や講演会、学習会などに参加し、署名活動や街頭活動も実際におこないながら、ともに学習しているメンバーの一人にすぎない。だから、そのような集まりのなかで、自分の意見を言うことはできるが、団体の大きな推進力にはなりえない。運動の方向を左右するような提案は、実現できていないということである。それでもなお、運動の内部にいるので、過程分析は容易であり、それをふまえて今後の運動を展望することができる。

　この市民運動には、統一した組織はなく、それぞれの市民団体や市民グループがネットワークで結ばれているにすぎない。ゆえに、統一した行動をとる必要の

あるときは、連絡し合ってそれぞれのメンバーが参加することになる。集会や講演会、学習会は参加を呼びかけ合うこともあるが、単独で開催することもある。いずれも開放的な組織の主催であるので、それぞれを知った人びとはグループで、あるいは個人で参加する。首長への申し入れや議会傍聴などについても、団体やグループ、個人、それぞれで判断し行動している。そして、防衛省の主催する住民説明会へも、それぞれの判断で参加している。

市民運動はこのような実態であり、筆者はできるだけ多くの反対行動に参加するようにはしているが、限界がある。だから、この運動を正確に把握するとしても、自己の参加体験はもとより、団体やグループのメンバーへのインタビュー、報道機関の報道、ジャーナリストや専門家の雑誌等に掲載した論文・記事、出版物の内容を手がかりにすることが必要である。本書の内容は、このようにしてできあがった。

このような内容のなかで、今後の運動への提案に近いようなことも記述したつもりである。これをもって、アクション・リサーチにおける当事者としての研究者の提案に代えたいと思う。この意味では、これまでのアプローチの方法と異なるかもしれないが、このような方法でもアクション・リサーチと言えるかどうかについては、識者の批判的な検討を待ちたい。

おわりに

　陸上自衛隊新屋演習場へのイージス・アショアの配備については、秋田市の新屋勝平という一部の地域の問題としてしか、認識されていなかったように思われる。ところが、地元紙の秋田魁新報の世論調査でも明らかなように、また、県内の他市町村議会における請願・陳情の採択にあらわされるように、全県に広がりつつある。現在おこなわれている署名活動を集約してみるならば、このことがより明らかになるだろう。今後とも、効果があると考えられるさまざまな戦術や手段を行使して、配備撤回を迫っていかなければならない。

　本書を出版しようと考えた動機は、いくつかある。その一つは、秋田以外の人びとにも知ってもらい、政府の愚策に反対する運動を応援していただきたいため、運動の全体を明らかにすることである。新聞・テレビのニュース・番組であれば一度に万単位の人びとが目にしたり、耳にすることができるが、やがてそれらは散逸し記憶から消えていくことになる。しかし、運動の全体を1冊にまとめたものがあれば、直接、運動にかかわらなくても、過去にさかのぼって容易に把握することができる。

　そのような意味でまとめた本書は、すでに報道機関のニュースや出版物等で公になっている事実を拾いあ

げていることも多い。出版部数は限られているうえ、購入者数もそんなに望めないだろうから、全国的にはごくわずかの人びとが手にするだけであるに違いない。それでも、軍事基地建設への反対という非常に深刻な問題にかかわる市民運動をとらえた1冊の本として、またある程度まとまった記録として、どれほどの価値が認められるかはわからないが、後世に伝えることができる。

しかし、すでにイージス・アショアの全体の争点についてまとめた単行本や、真実を県民に知らせるために調査報道に力を入れている地元の新聞社からもドキュメンタリーが出版されている。それぞれ観点が異なる。本書もこれらとは異なる独自の観点である。ほかに、バラバラだが、関連の著作や論文等が公刊されている。このような意味から、本書は二番煎じというよりも三番煎じにすぎないかもしれないが、一人でも多く共感し応援してくれる人を増やすことの一端になりたいと思っている。

二つ目には、筆者がこの反対する市民運動をアクション・リサーチの対象としており、議会の傍聴や集会、講演会、学習、住民説明会への参与観察などはできているが、署名活動やデモ、スタンディングなどの街頭活動にはほとんど貢献できていないので、そのような意味での力不足を言論活動によって補いたいからで

ある。また、アクション・リサーチは、運動の組織に対して提案をおこない変化を求めるものでもあるが、先に述べたように、自らの参加している組織に対しては提案できる立場にはないので、ネットワーク組織の全体に対する提案とする意味で、本書を出版したい。

　今後の運動のあり方はまた模索していかなければならないと思うが、署名活動はこれまでの運動の総決算という意味をもつかもしれないので、できるだけ貢献しようと意気込んだ。ところが、街頭での署名活動は道行く人に呼びかけるだけでよいが、個別に友人・知人を訪ねて署名してもらうとなると、なかなか大変なことがわかった。若いころは選挙運動の一つとして一時的に実践した記憶もあるが、自身も高齢化し、だんだんと友人・知人とのつきあいが少なくなり、親戚づきあいも遠慮しがちになって孤独化が進むと、他人に頭をさげてまわるような勇気と行動する力がもう残っていなかった。ふだんの人間関係づくりとコミュニケーションの大切さを痛切に感じざるをえなかった。政治論議を特別視しない民主主義の社会をつくりあげていかなければならないとも思った。

　三つ目には、これまで運動にたずさわってきた人びとが今後の運動のあり方を追究していくうえでの、また、新たに運動に参加する人たちがこの運動をてみじかに知るうえでの学習教材にしてくれることを期待し

たい。それだけの価値はないかもしれないが、短時間でこれまでの運動過程のあらましを知りうるだけでなく、筆者は思いつくままに問題点や課題をあげているので、その妥当性を検証する意味を込めて、批判的に読み活用してくだされればありがたい。

以上のように、本書を、今後も広く市民に反対運動に参加してもらい、運動をより強化するために批判的に学習する教材にしてもらいたい。また、本書で述べた今後の課題には、アクション・リサーチにおける提案の意味をもたせているので、アクション・リサーチとしての不備を補うものであることを理解していただきたい。

本書の執筆にあたっては、多くの市民団体や市民グループの方々にお世話になった。貴重な時間をさいてインタビューに応じてくださった方々には、とくに感謝を申しあげるとともに、インタビューを本書の記述のなかで十分に生かすことできなかったことにお詫びを申しあげたい。

また、記述にあたっては、事実を正確にとらえ表現することにつとめた。その場合に、すべて筆者が直接に体験するということはできないので、新聞やテレビといった報道機関の報道、専門家やジャーナリストの著作・論文・記事などによって、公知の事実となっていることについては、可能な限りそれらを忠実に反映

して記述するようにつとめた。もし、事実の記載に誤りがあれば指摘をしていただきたい。何らかの機会に訂正したい。

　本書では、筆者自身が反対の市民運動に参加しているので、体験にもとづいて考えついたことを率直に書かしていただいた。それだけに、大きな誤りがあるかもしれない。お叱りいただいて当然である。この運動はすぐには終息しないと思うので、第2弾、第3弾を出版できれば幸せである。

2019年12月

　　　　　　　　　　　　　　　　　　　小林建一

参考・引用文献

井上伸雄著『「電波と光のことが一冊でまるごとわかる』ベレ出版、2019年。

烏賀陽弘道著『世界標準の戦争と平和――初心者のための国際安全保障入門』扶桑社、2019年。

荻野晃也・前田哲男・纐纈厚・横田一・櫻田憂子・森上雅昭著『イージス・アショアの争点――隠された真相を探る』緑風出版、2019年。

荻野晃也著『身の回りの電磁波被曝――その危険性と対策――』緑風出版、2019年。

柿谷哲也著『イージス艦はなぜ最強の盾といわれるのか――圧倒的な防空能力をもつ戦闘艦の秘密――』ソフトバンククリエイティブ、2013年。

柿谷哲也著『知られざるイージス艦のすべて』(新装版)笠倉出版社、2019年。

かのよしのり著『ミサイルの科学――現代戦に不可欠な弾道弾の秘密に迫る――』ＳＢクリエイティブ、2016年。

後藤美千男著『ある自治体の運命 秋田湾開発とは何か』秋田書房、1978年。

寺島俊穂著『市民的不服従』風行社、2010年。

自由法曹団・改憲阻止対策本部編『イージス・アショア秋田調査報告書』自由法曹団、2019年。

秋田魁新報2017年11月〜2019年12月。

秋田魁新報取材班著『イージス・アショアを追う』秋田魁新報社、2019年。

小西誠著『自衛隊の南西シフト――戦慄の対中国・日米共同作戦の実態――』社会批評社、2018年。

ジョン・ロールズ著、川本隆史・福間聡・神島裕子訳『正義論』(改訂版)、紀伊國屋書店、2010年。

世界保健機構（WHO）編、大久保千代次訳『世界保健機構（WHO）

ファクトシート集——電磁界と公衆衛生』一般財団法人電気安全環境研究所・電磁界情報センター、2015年。

大久保千代次「電波防護指針について」一般財団法人電気安全環境研究所・電磁界情報センター、2018年10月22日。

大内和夫編著『レーダの基礎——探査レーダから合成開口レーダまで——』コロナ社、2018年。

朝日新聞2018年6月〜2019年12月。

長谷部恭男・石川健治・宍戸常寿編『憲法判例百選Ⅱ』(第6版)、有斐閣、2013年。

田中伸尚著『ルポ良心と義務——「日の丸・君が代」に抗う人びと』岩波書店、2012年。

田中稔著『隠蔽と腐敗』第三書館、2018年。

東京新聞社会部取材班「戦略なき軍拡——アメリカ製兵器「爆買い」の実態——」『世界』2019年3月号、岩波書店。

東京新聞社会部著『兵器を買わされる日本』文藝春秋、2019年。

藤井敦史「「市民事業組織」の社会的機能とその条件」藤井敦史編『非営利・協同組織の経営』ミネルヴァ書房、1999年。

藤田晋吾「なぜ科学批判なのか——社会科学の場合」神成嘉光編著『社会科学と現代国家・法』八千代出版、1984年。

二間瀬敏史・麻生修著『図解雑学電磁波』ナツメ社、2001年。

畠山武道著『考えながら学ぶ環境法』三省堂、2013年。

半田滋著『安保法制下で進む先制攻撃できる自衛隊』あけび書房、2019年。

半田滋著『日本は戦争をするのか——集団的自衛権と自衛隊』岩波新書、2014年。

福好昌治「イージス・アショアは必要か——超高額兵器への多くの疑問——」『世界』2019年3月号、岩波書店。

防衛省「イージス・アショアについて」平成30年6月。

防衛省「秋田県・秋田市ご説明用 (5月27日) イージス・アショアの配備について——各種調査の結果と防衛省の検討結果につ

いて——」令和元年5月。

防衛省「第2回説明会資料」平成30年。

防衛省「陸自対空レーダーを用いた実測調査の細部要領について」平成31年2月26日。

防衛省「陸自対空レーダーを用いた実測調査の実施について(イージス・アショアの配備関係)」平成31年1月28日。

増山博行「防衛省の適地調査説明資料(2019/5/28)の示すもの」2019年6月8日。(2019a)

http://www.e-hagi.jp/~mashi803/jsa/data3/190608doc.pdf (2019/12/20)

増山博行「陸上イージスとDSレーダー——ミサイル防衛・宇宙監視の新基地が山口に——」2019年12月4日 (2019b)。

http:// www.e-hagi.jp/~mashi803/jsa/data3/190728Fukuoka_abs.pdf (2019/12/20)

網代太郎著『大王製紙問題と秋田の自然破壊』無明舎、1994年。

矢守克也「アクションリサーチ」やまだようこ編『質的心理学の方法——語りをきく——』新曜社、2008年。

憂慮する山口の科学者「電力束密度計算について」2019.6.18/7.9,14 (2019a)

http://www.e-hagi.jp/~mashi803/jsa/data3/100714PGD.pdf (2019/12/20)

憂慮する山口の科学者「レーダービームの拡がりについて」2019年7月6日。(2019b)

http://www.e-hagi.jp/~mashi803/jsa/data3/190706SSRwidth.pdf (2019/12/20)

鈴木正彦著『リベラリズムと市民的不服従』慶應義塾大学出版会、2008年。

櫻井常矢「市民的専門性」社会教育・生涯学習辞典編集委員会編『社会教育・生涯学習辞典』朝倉書店、2012年。

小林　建一（こばやし　けんいち）

1948（昭和 23）年秋田県生まれ
東北大学大学院教育学研究科博士課程後期修了　博士（教育学）
社会教育主事、短期大学教授などを経て、現在──大学非常勤講師
著書──『社会教育の規範理論──リベラルな正義論との対話──』（文化書房博文社、2006年）、『教育法体系の改編と社会教育・生涯学習』(共著、東洋館出版社、2010年)、『わたしたちの生活と人権』(共著、教育情報出版、2014年)、『対人支援職者の専門性と学びの空間──看護・福祉・教育職の実践コミュニティ──』(共著、創風社、2015年)、『自治体社会教育・学校教育行政論──ライフ・ヒストリーの視点──』（三恵社、2017年）など。

市民的不服従のはじまり
イージス・アショア配備反対運動への
アクション・リサーチ　秋田からの報告

2019 年 12 月 27 日　初版発行

著　者　─────　小林　建一
発行所　─────　株式会社 三恵社
　　　　　　　　　〒 462-0056 愛知県名古屋市北区中丸町 2-24-1
　　　　　　　　　TEL 052-915-5211　FAX 052-915-5019
　　　　　　　　　URL http://www.sankeisha.com
ブックデザイン　──　alcreation

本書を無断で複写・複製することを禁じます。乱丁・落丁の場合はお取替えいたします。
© 2019 Kenichi Kobayashi　　　　ISBN 978-4-86693-199-9 C3036